KB197455

웅크린 마음이 방 안에 있다

웅크린 마음이 방— 안에 있다

고립되고 은둔한 이들과 나눈 10년의 대화

김혜원 지음

흐름출판

고립·은둔 청년들에 대한 오해가 난무하는 상황에서 이 책이 반가운 이유는 당사자의 이야기를 바로 들을 수 있는 책이기 때문이다. 자극적인 언론 보도와, 알지 못하는 존재들에 대한 일반의 오해를 넘어 우리 사회에 실제로 무엇이 필요한지를 깨닫게 하는 이 책은, 그런 의미에서 '창구'이자 '가교'이다. 당사자, 가족, 관련 실무자뿐 아니라 우리 사회 청년들의 다양한 모습을 이해하고자 하는 모든 이들이 다리를 건너 광장에서 만날 날을 꿈꾸게 하는 책이다.

　　　　　　　　　　　　— 김현수(명지병원 정신건강의학과 임상교수,

　　　　　　　　　　　　　　　별의친구들—청년행복학교 별 교장)

10여 년의 시간 동안 진심을 다해 고립·은둔 문제를 마주한 결과물이자 청년들을 향한 저자의 애정 어린 공감과 응원이 담긴 책. 세상을 두려워하는 이들, 그리고 그들을 이해하고 돕고자 하는 모든 이들에게 꼭 읽어보기를 권한다. 방 안에 갇힌 청년들이 자신만의 속도로 세상과 연결될 수 있도록, 우리의 믿음 위에 내디뎌지는 '한 걸음'의 중요성을 이야기한다.

　　　　　　　　　　　　— 김태련(사단법인 아이코리아 이사장,

　　　　　　　　　　　　　　　이화여대 명예교수, 심리학 박사)

책은 내게 '모든 삶은 아름답고 소중하다'라는 만고의 진리를 새삼스럽게 일깨웠다. 크고 작은 범죄 사건이 발생할 때마다 은둔형 외톨이의 일탈로 쉽게 진단해버리는 사회에서 저자는 우리가 이들을 '모를 뿐'이며, 이들 모두의 삶이 아름답고 의미 있다고 역설한다. 글을 읽으며 나는 탈무드의 명언을 음미한다. "나는 나의 스승에게서 많은 것을 배웠다. 그러나 나의 제자에게서 더 많은 것을 배웠다."

— 이혜성(한국상담대학원대학교 총장)

긴 은둔의 시간을 지나 만난 이 책은 과거의 나와 우리들, 그리고 현재의 은둔형 외톨이 여러분들에게 마치 스마트폰과 전자사전이 없던 시절, 우리가 의지했던 사전처럼 다가온다. 사회적 편견과 다양한 용어의 늪에서 길을 잃은 당사자들이 어려움을 만날 때마다 찾아볼 수 있는 책이다.

— 유승규(안무서운회사 대표)

저자는 학자의 시각에서 고립·은둔 청년들을 분석하지 않는다. 같은 갈등과 연약함을 지닌 존재로서 그들을 바라보고 그들에게 공감하며 문제를 함께 풀어나가려 한다. 책에는 상처 받은 청년들의 눈빛, 감정, 호흡, 웃음, 분노, 원망 등이 구체적으로 드러난다. 그 구체성 속에서 청년들은 일반의 단순한 오해와 편견을 벗어난다. 이 진솔한 기록은 고립·은둔이라는 사회적 문제가 희망적인 방향으로 전환될 수 있다는 믿음의 메시지를 우리에게 전달한다.

— 양용희(다솜이재단 대표이사, 전 서울신학대학교 교수)

저자는 한국에서 은둔형 외톨이를 가장 많이 만나고 제일 잘 아는 사람 중 한 명이다. 그런 의미에서 이 책은 고립·은둔 문제의 해답을 찾아가는 데 참고할 만한 '모두의 지침서'이다. 내가 현장에서 은톨이를 지원하며 저자의 책에서 도움을 받았던 것처럼 관련 종사자들이 이 책을 꼭 읽었으면 좋겠다. 또, 많은 에피소드가 보여주듯이 가족들이 은둔 당사자의 큰 조력자 역할을 한다는 점에서 은톨이 가족에게도 이 책을 추천한다.

— 백희정(광주광역시은둔형외톨이지원센터 센터장)

책을 읽으면서 어떤 문장이나 말이 약이 될 수 있다는 것을 알았다. 저자는 튼튼하고 견고한 말로, 누군가의 연약한 부분을 명료하게 드러내고 따뜻하게 다독인다. 사회에서 상처받고 안으로 숨었던 시간. 이를 이미 겪은 사람들에게 책은 영양제처럼 든든한 위로가 될 것이며, 어려운 하루를 견디는 이들에게는 다시 힘을 낼 수 있다고 이야기하는 새로운 처방전이 될 것이다.

— 변종모(여행작가)

책을 읽는 내내 잔잔한 감동이 이어졌다. 고립과 은둔 상태에 놓인 청년들을 온몸으로 부둥켜안고 상담하는 저자의 진정성이 독자인 내게로 오롯이 전달되었기 때문이다. 책장을 넘기다 보면, 치유의 본질은 상담심리학자의 전문성만이 아니라 상담자가 내담자들에게 보내는 따스한 애정이 아닐까 생각하게 된다. 그리고 이야기의 끝에, '그들'의 이야기가 곧 '나'의 이야기로 느껴지기도 한다. 고립과 은둔 속에서 고통 받는 수많은 청소년, 청년을 돕고자 하는 저자의 간절한 마음이 담긴 책. 우리 모두가 이 책을 반드시 읽어야 한다.

— 라제건(각당복지재단 이사장)

은둔의 시간에 머물고 있는 청년들은 "왜 살아야 하는지 모르겠다."라고 말한다. 이들은 지금껏 이 말조차 들어주는 '한 사람'이 없어, 자신만의 동굴로 들어갔을지 모른다.(나를 포기하지 말아달라는 메시지를 보내면서.) 이 책은 한 명 한 명의 청년들에게 이 한 사람이 생기고, 이로 인해 동굴을 나올 용기를 갖고 변화해가는 모습을 담은 이야기이다. 삶을 다시 시작할 수는 없지만, 지금 머물고 있는 그 자리에서 새로운 처음을 내디디는 은둔형 외톨이 청년들, 이들의 이야기가 궁금하다면, 이들의 마음을 이해하고 싶다면 이 책을 그 시작으로 추천한다.

— 조현식(사단법인 온기 대표)

책을 읽으며 고립·은둔 청년들이 어떤 이들인지, 왜 우리 사회가 이들에게 눈을 두어야 하는지 알게 되었다. 10년의 세월을 현장에서 은툴이 당사자들과 동고동락하며 문제를 연구해온 저자에게 존경과 감사의 마음을 전한다. 이 책에 켜켜이 담긴 저자의 경험과 제안들이 세상을 바꾸리라 기대한다.

— 하지원(에코나우 대표)

차례

2장. 못나고 또한 아름다운

3장. 우리는 깨어져도, 깨어진 채로 살아갈 수 있다

일러두기

1. 이 책에 나오는 내담자의 개인정보는 내담자 보호를 위해 실제와는 다르게 적었습니다.
2. 이 책에서는 '은둔형 외톨이'라는 잘 알려진 명칭에 더해, 현재 공식적으로 가장 많이 사용하는 '고립·은둔 청년(청소년)', '은톨이' 등을 함께 썼습니다.

들어가는 말

당신이 당신답게 살 수 있기를

돌아보니 꽤 긴 시간 동안 현장에서 많은 청소년과 청년, 성인들을 만나왔다. 그들이 아프다고 호소하는 문제를 이해하기 위해 열심히 들었고, 그들이 덜 아플 수 있도록 함께 고민했다. 그리고 그 과정에서 내가 보고 듣고 느낀 것을 이 책에 담았다. 책에서는 특히 이른바 '은둔형 외톨이' 청년에 대한 이야기를 중점적으로 했다. 이제는 은둔형 외톨이 보다는 '고립·은둔'이라는 용어로 많이 불리고, 현재 우리나라에 최소 10만여 명에서 최대 50~60만 명이 존재한다고 밝혀진 그들에 대해서.

이들이 한국 청년의 보편은 결코 아니다. 하지만 분명 우리와 동시대를 살아가는 사람들이다. 많은 사람들이 청소년기와 청년기 동안 자신의 삶을 설계하고 실천하는 과정에서 성취와 좌절을 맛본다. 그러나 고립·은둔을 경험하는 청소년과 청년들은 그 누구보다 이 시기를 혹독하게 보낸다. 나는 절벽 앞에 선 듯한 기분으로 삶을 바라보는 청년들을 너무나 많이 만났다. 내가 이들에 대한 글을 쓴 이유는 한 가지이다. 한 명 한 명과 나눈 대화와 만남을 활짝 펼쳐, 이와 비슷한 경험을 하고 있는 청년들에게 조금이라도 도움을 줄 수 있기를 바라는 마음에서다.

책에 이들의 부모 이야기도 남기고 싶었다. 고립·은둔하는 자녀를 지켜보는 것 말고는 할 수 있는 게 없는 부모와 가족도 은톨이들 못지않게 혹독한 시간을 보낸다. 이들은 너무나 달라진 세상을 살아가는 자녀들에게 자신이 30년 전쯤에 썼던 삶의 방식을 대입하는 실수를 쉽게 저지른다. 안타깝게도 우리는 내가 살아온 세상과 나의 렌즈로 보는 세상이 전부라고 인식하기 때문이다. 세상은 크게 변했고 내가 살아온 방식이 이제 퇴출 1호 대상이 된 것도 모르는 채. 이런 부모 앞에서 자녀들은 그저 입을 다물어버리지만, 상담실에서 술자리에서 혹은 생면부지 남 앞에서 답답한 속내를 꺼이꺼이 토해내곤 한다. 그들을 가장 사랑하고 염려하는 부모에게 그렇게 진솔하게 말할 수 있었다면 얼마나 좋았을까. 은톨이의 아픈 마

음 이야기를 듣는 나는 그런 안타까움에 계속 가슴을 쓸어내
릴 수밖에 없었다.

이 책에서 결국 내가 가장 하고 싶은 말은 '나답게 살자'
이다. 내가 상담실에서 만났던 많은 사연에는 공통적으로 나
답게 살려고 노력했지만 나답게 살지 못한 아픔이 있었다. 그
런데 과연 나답게 산다는 것이 어떤 의미일까? 나답게 사는 게
그렇게 중요할까? 그리고 그것이 그렇게 어려울까? 나답게 사
는 삶의 의미와 중요성을 안다 해도 그 길은 그리 단순하지도,
녹록하지도 않다. 성실하고 꾸준히 그 질문들에 초점을 둘 때
에야 겨우 가능한 일이다. 게다가 이 질문은 나이를 가리지 않
는다. 청소년기나 청년기에 '나답게 살기'라는 과제를 소홀히
했다면 더 큰 혼란과 고통 속에서 중장년기를 보낼 수 있다. 전
단계의 인생 과제를 충실히 수행하지 못했을 때 그 과제는 계
속해서 우리의 발목을 잡고 우리를 자유롭지 못하게 한다. 미
뤄둔 과제는 누가 대신해주지 않고 저절로 해결되지도 않는
다. 나를 구체적으로 이해하고, 정성껏 돌보고, 잘 활용해서
살아가는 '나다운 삶'은 나이를 불문하고 우리 모두의 과제가
된다.

세상에는 좋은 책과 좋은 말이 많다. 지혜를 깨달은 사람

도 많다. 그리고 그걸 멋지게 전달하는 사람도 많다. 내가 세상에 내놓는 이야기가 그러한 말과 글의 홍수 속에서 어떤 자리에 놓일지 모르겠다. 하지만 나는 그저 전달자이고 싶다. 내가 만나온 청년들, 특히 고립·은둔이라는 고통을 경험했고 경험하고 있는 청년들, 그들의 부모, 그들과 함께 고군분투하는 상담자들의 목소리를 세상에 전하려 한다. 최대한 성실하고 진실하게 전하고 싶다.

책을 쓰며 '한 줌거리' 책이 탄생하기까지 얼마나 많은 사람들의 수고가 필요한지 절실히 느꼈다. 흐름출판 각 전문가의 노력이 합해져 책이 나아갈 방향이 잡히고, 디자인되며 책이 형태를 갖춰갔다. 한 분 한 분께 감사를 전한다. 무엇보다 유리슬아 편집자의 수고는 잊기 어려울 것이다. 그녀는 1년 반 전, 찌는 듯한 무더위 어느 날 한 통의 메일을 보내왔다. "실패를 용납하지 않는 한국 사회에서 고통스러워하는 청년들에게 '괜찮다, 다음이 있다'라고 말해주는 책을 만들어보고 싶다."는 메시지였다. 같은 고민 속에서 하루하루를 보내고 있는 내게 참으로 매력 있는 제안이었다. 이후 이어진 많은 대화와 협업에 기운을 얻어가며 나는 열 일 제쳐두고 컴퓨터 앞에 앉을 수 있었다. 내가 글에만 전념할 수 있도록 최선을 다해 도와준 데 뒤늦은 고마움을 전한다. 또한 이 책의 주인공인 청년, 부모, 상담자들에게 감사를 전한다. 글을 쓰며 떠오른 은톨이 한 명 한 명의 얼굴이 그리웠고, 그들이 조금이라도 행복해졌길 기원했다. 개방하기 힘들었을 자신의 삶 이야기를 내게 나눠주고 나를 믿으며 함께해준 것에 고마움을 전한다. 끝으로, 청년기의 한복판을 묵묵히 살아내고 있는 내 아들과 딸, 그리고 언제나 내게 과분한 신뢰와 지지를 보내주는 남편과 부모님께 깊은 감사를 전한다.

자신의 삶을 누구보다 진지하게 고민하며 잘 살아내고 싶어 하는 청년들을 응원하며 이 책을 세상에 내놓는다.

1장

___

우리가 모르는

청년들

학교 도서관이 제 피난처였어요

센터로 전화가 왔다. 자신을 은둔형 외톨이라고 소개하며 한 청년이 조심스럽게 물었다.

"찾아가고 싶은데 그래도 되나요?"

고립이나 은둔 관련 프로그램에 참여하겠다고 가족이나 지인이 아닌 본인이 연락할 때, 반가운 마음이 크다. 특히 직접 찾아와서 이것저것 궁금한 것을 묻고 자신이 생각하는 것과 프로그램이 잘 맞는지 확인하는 경우, 이미 그 청년의 적극성에 희망을 느낀다. 정민은 그런 기운을 주는 청년이었다.

약속된 시간에 들어서는 정민은 하얀 피부에 약간 통통한 체격을 가진 예쁜 여성이었다. 담담하게 말을 이어나갔지만 가끔씩 웃을 때는 눈이 반달 모양이 되며 선한 표정으로 변했다. 귀여운 곰돌이 혹은 정 많은 강아지. 주변 사람들이 정민을 볼 때 이런 이미지를 떠올리지 않을까 생각했다. 특히 타고난 듯 울림 좋은 목소리는 사람 좋은 표정과 잘 어우러졌다. '저 목소리로 노래를 부르면 참 멋지겠다.'라는 생각을 하며 정민과의 만남을 시작했다.

우리를 지탱하는 것들

그런데 종종 정민과의 대화 중에 소용돌이 물살을 넘은 듯 아슬아슬함이 느껴지곤 했다. 간혹 크게 흔들리는 눈동자, 자신이 말한 내용을 상담자가 어떻게 생각하는지 살피는 멈춤, 힘든 얘기를 할 때 감정을 억누르려 호흡을 몰아쉬고 의자 깊숙이 가라앉는 몸. 밝은 얼굴에 쓸쓸한 그림자가 설핏 비치곤 했다.

아주 어린 시절, 가족 모두 뿔뿔이 흩어진 적이 있었다고 한다. 아버지가 운영하던 회사가 크게 어려워져 정민은 큰집에, 남동생은 작은집에, 아버지와 어머니는 빚을 갚기 위해 각각 타지로 흩어져 몇 년을 보냈다. "너무 어렸을 때라서 잘 기억도 안 나요. 어차피 아주 오래전 일인데요, 뭐." 정민은 담담하게 말했다.

하지만 이후 부모님과의 면담에서 더해진 정보에 따르면 정민은 친척집에 맡겨졌을 때 매우 고통스러운 경험을 한 듯하다. 부모가 가끔씩 만나러 가면 정민은 그들이 떠날 때 울부짖고 몸부림치며 매달렸고, 부모가 떠난 후 큰길까지 따라 나가 몇 시간씩 길거리를 배회했다고 한다. 어느 때는 아이가 보이지 않아 찾다 보면 부모가 떠났던 길에 신발도 신지 않은 채 하루 종일 서 있곤 했다고 한다. 정민이 스스로 간간이 기억하는 어린 시절은 하루하루가 어느 한 곳 마음 붙일 데 없는 기다림뿐이었던 듯하다.

"몇 년 뒤에야 가족이 겨우 모였는데 부모님은 계속 빚을 갚기 위해 밤낮없이 일하셨어요. 그러다 보니 초등학교에 입학해서도 저랑 동생은 알아서 밥 챙겨 먹고 씻고 했어요. 가족이 한집에 모여 살았지만 저는 그때도 또 외로웠어요. 밤마다 무서워하면서 엄마 아빠를 기다렸고요. 저녁 늦게나 새벽에 엄마 아빠가 퇴근할 때 잠깐이라도 보려고 기다렸어요. 저는 엄마 아빠가 늘 그리웠어요."

그런데 초등학교 고학년이 되면서 정민의 고통은 다른 차원에서 한층 더해졌다. 정민에 대한 왕따가 시작되었고 정민은 전교생에게 무시와 배척의 대상이 되었다. 무시만 있다면 그럭저럭 참을 만했겠지만 언어적, 신체적 폭력이 더해졌다. 누군가의 제대로 된 보호도 없이 정민은 고스란히 피해의 늪에 빠져들어 갔다. 대부분 학생이 지역 내 중학교로 진학하는 만큼 초등학교 때의 고통은 중학교로 이어졌고, 강도는 더욱 심해졌다.

경제적 부담으로 고통이 큰 부모님은 정민의 상황을 살피지 못했다. 겨우 중학교를 졸업했지만 그 무리와 같은 고등학교에 진학했다. 정민은 더 이상 학교를 다닐 수 없었고 결국 1학년 때 자퇴했다. 이제까지 버텨온 모든 것이 와르르 무너지는 기분이었다. 외로움, 가난, 배척, 폭력……. 어린 정민의 삶을 오랜 기간 할퀴고 파고들었던 것들이다. 이후 정민은 꽤 긴 은둔의 시간을 보냈다. 세상 모든 것들과 단절하고 싶은 기분. 아니 **모든 오감을 무디게 해서** 나를 괴롭히는 것들로부터 멀어지고 싶은 기분, 그렇게 시작된 은둔이 점점 깊어지며 정민은 우울과 무기력의 늪에 빠져들었다.

얘기를 담담하게 이어나가는 정민에게 내가 물었다. 그시간을 어떻게 견뎠냐고. 그는 말했다.

"그나마 학교를 고1까지라도 다닌 건 도서관 덕분이었어요. 거기가 제 **피난처**였어요."

정민은 아침에 등교하면 도서관에 갔고, 보이는 대로 책을 읽었고, 허락되는 만큼 그곳에 머물렀다. 쉬는 시간 종이 울리면 가장 먼저 도서관으로 뛰어갔고, 점심시간에도 그곳에 머물렀고, 수업이 시작될 때는 교실로 가장 늦게 돌아갔다. 도서관이 유일한 은신처였고 사서 선생님이 유일한 보호자였다. "그 덕에 책도 많이 읽었어요."라며 웃는 정민의 눈빛이 쓸쓸했다.

다음을, 내일을 상상할 수 있을까

'10년 후의 나'라는 주제로 고립·은둔 청년들과 대화를 한 적이 있다. 참가자들에게 '10년 후의 내 모습'을 생각해보게 하고, 말로 하기 어려우면 그림이나 글로 표현해보도록 하는 활동이었다. 이들은 공통적으로 자신의 미래를 구체화하는 것을 매우 힘들어한다. 현재 자신의 모습을 볼 때 미래는 대체로 부정적이고 불명확하기 때문에 상상하는 것만으로도 고통스러워한다. 하지만 이 활동의 목표는 구체적인 진로를 정하는 것이 아니라 그저 과거와 현재에만 코 박고 있는 상태에서 벗어나 슬쩍 미래에 시선을 두어보자는 것이다. 10년 후에도 나는 살아갈 거고, **현재의 내가 생각하고 원하는 바가 10년 후의 내 삶**이 될 것이기 때문에, 나는 수위를 조절하며 그들과 10년 후의 삶에 대해 살살 대화를 나눈다.

웹툰 작가로 활동하는 모습, 아르바이트를 하거나 작은 회사에 취업해서 소소한 일상을 사는 모습, 이탈리안 레스토랑을 열어 자신이 좋아하는 메뉴를 개발하며 사는 모습, 일을 마친 후 강아지와 산책하며 동네 친구를 만나는 모습……. 희미하지만, 자신이 원하는 삶의 모습을 각자가 종이 위에 쓰거나 그려냈다. 이렇게 대부분의 참가자가 시간을 들여 고민하며 작업하는 가운데, 정민은 후다닥 그린 뒤 멍한 얼굴로 창밖에 시선을 두고 있었다.

"저는 아마 10년쯤 뒤에는 이 세상에 없을 거예요."

작업을 마치고 함께 이야기하는 자리에서 정민은 말했다. 그의 그림에는 덩그러니 길만 하나 그려져 있었다. 길은 크고 넓게 시작되었다가 점차 급하게 좁아지며 위로 휘었고 저 멀리 어느 지점에서는 완전히 사라졌다. 길이 마치 구름을 뚫고 하늘로 올라간 듯했다.

"나는 10년 정도만 더 살고 말 거예요."

명백히 '자살'이 떠올려지는 문장에 다들 눈이 동그래져 정민의 다음 설명을 기다렸다.

"뚜렷하게 죽고 싶다는 건 아니에요. 하지만 왜 길게 살아야 하는지 모르겠어요. 재미있는 일이 이어지면 살겠지만 그렇지 않다면 그만 살고 싶어요. 아마 나는 그럴 것 같아요."

뭐라도 묻고 싶었지만 말을 잇기 어려웠다. 고민하다가

내가 물었다.

"그럼 지금은 어떤 재미있는 일이 있어 삶을 이어가고 있나요?"

"지금은 게임하는 것이 그럭저럭 재미있는 편이에요. 새로운 게임이 계속 나오고 있고 그것에 대한 기대도 조금은 있어요. 그런데 게임은 결국 시들해질 거고 그러면 제가 재미를 붙일 일은 별로 없을 것 같아요."

나지막이 말하며 정민은 예의 사람 좋은 미소를 지었다.

'왜 살아 있는지 모르겠어요.'

정민이 호소하는 것은 **무의미함**이었다. 삶에 의미를 두거나 목적으로 품고 살 것이 없다는 감정, 정신과나 상담 장면에서 가장 변화시키기 힘들고 해결 방법을 찾아주기 어렵다고 보는 상태 중 하나이다. 정민은 '내가 어디에 눈을 두고 **무엇을 기대하며 살아야 하나요,** 좀 알려주세요.' 무언 중에 그런 호소를 하고 있었다.

내가 만난 청년 중에는 이런 이들이 많다. 상당히 많다. 알바나 직장 생활을 하는 이들, 대학을 다니는 이들, 취업 준비를 하는 이들, 때론 장기적으로 고립이나 은둔 상태에 놓인 이들 모두. 살아가는 모습은 다양하지만 이들이 공통적으로 경험하고 고통스러워하는 것은 무의미함이다. **'내가 왜 살아 있어야 하는지, 내가 왜 살아가야 하는지 알려주세요.'**

비단 청년들만이 아니다. 어린 청소년들도 비슷하게 호소한다. '왜 학교에 가야 해요? 왜 공부해야 해요? 왜 열심히 살아야 해요?' 아무리 생각해도 내가 살아가야 할 이유를 모르겠을 때, 과거에도 그랬고 지금도 그렇고 앞으로도 그런 의미를 전혀 찾지 못할 것 같을 때 우리는 삶을 살아낼 힘을 얻지 못한다. 기름을 넣지 않고 자동차를 운전해야 하는 것과 같다. 어디로 가야 하는지 모르기 때문에 발을 뗄 수 없고 몸을 움직이기 어려워한다.

정민도 길지 않은 삶에서 그런 경험을 많이 한 것 같다. **결국, 의미 있고 재미있는 삶의 단면들을 경험하지 못한 결과**이고 이는 역으로 작고 소소하게라도 그런 경험을 쌓아가며 **실증적으로 내 삶 속에 의미와 재미를 새겨가며** 치유할 수밖에 없다.

정민은 10년 후의 내 삶 그리기 활동을 하며 자신이 이렇게 삶의 재미를 느끼지 못하는 사실을 **처음** 알았다고 했다. 그것만으로도 성과다. 내 상태에 대한 객관적인 확인이기 때문이다. 정민은 한 번도 자신의 아픔을 제대로 들여다보거나 털어내본 적이 없었다. 그런 여건이 마련된 적이 없었고, 그것이 도움이 될 거라고 격려해준 사람도 없었다. 정민은 그저 다 지나온 과거이니 끝난 일이라고 덮어두고 일상을 살고 있었다.

이런 정민에게는 두 가지 경험이 필요했다. 첫째는 내 안에 무엇이 묻혀 있고 어떤 해결되지 않은 감정이 꿈틀대고 있는지 **확인**하고 그것을 조금이라도 **해소**하는 작업이다. 또 하나는 긴 시간 동안 주변 사람들과 또래로부터 부당하게 받았던 고통들을, 배려받고 공감받고 선하게 나누는 새로운 경험으로 **대체**하는 것이다. 이러한 경험을 통해 사람에 대한 새로운 믿음을 갖고 세상에 대해 닫혔던 마음의 문을 조금씩 여는 것이 필요했다.

미래는 전과 같지 않아

나는 우선 정민이가 우리에게 스스로 전화를 걸었다는 데 주목했다. 이건 정말 희망적인 신호다. 정민은 그만 살고 싶기보다는 '나를 살게 하는 의미'를 찾고 있었다. 그리고 그냥 사는 게 아니라 재미있고 행복하게 살고 싶어 한 것이다. 처음 센터로 전화를 걸었을 때, 정민이는 '의미 찾기'를 도와줄 수 있는지 기대하고 문을 두드렸을 것이다.

나는 정민에게 연극 수업을 권했다. 우리가 제공하는 프로그램은 연극배우가 되도록 훈련하기 위한 것이 아니고, 소위 연극치료라고 부를 정도로 깊이 있게 기획된 것도 아니다. 하지만 연극 수업에서 은톨이들은 실생활에서 직접 경험하기 어려운 인물과 장면을 다양하게 만나고, 연기를 하며 내 안에 있는 다양한 모습과 만나고 그 모습을 꺼내는 경험을 하게 된다. 또한 연극이라는 상상의 세계와 집단 작업을 통해 사회적 상호작용과 의사소통 능력을 경험하고, 잠재된 내 안의 욕구와 가능성을 표출할 수 있게 된다.

첫 만남에서도 느꼈듯이 정민은 목소리가 크고 울림이 좋다. 가끔이지만 고개를 뒤로 젖히며 호탕하게 웃을 때, 보는 사람의 속이 뻥 뚫릴 것처럼 시원하다. 이 좋은 목청으로 정민이 빛을 발할 수 있을 듯했다.

발성법을 배우고, 배역에 맞는 다양한 목소리를 내고, 감정을 전달하기 위해 여러 표정을 지어보고, 표현을 명료하게 하기 위한 몸동작을 시도하며 정민은 조금씩 변해갔다. 처음에는 주어진 대본에만 눈을 두었지만, 점차 이 소리 저 소리를 담아 발성을 시도하고 이 사람 저 사람의 대사를 맡아 해보았다. 다른 참가자들도 조금씩 변해갔지만, 정민은 특히 웅크렸던 어깨를 펴기 시작했고 얼굴에는 전에 보지 못했던 여러 표정들이 나타났다. 특유의 온화함이나 공손한 표정만이 아니라, 서슴없이 웃기도 하고 큰 소리로 또래의 이름을 부르며 다가가 함께 과자를 먹기도 했다. **희로애락**. 우리가 기본적으로 느낄 수 있는 당연한 **감정의 스펙트럼**. 정민의 감정이 점차 넓어지고 깊어지는 것을 확인할 수 있었다.

연극 수업은 계절이 바뀌어서도 계속되었고 시작한 지 4개월 후 작은 낭독회가 열렸다. 무대에 올릴 극은 「죽은 시인의 사회」였고, 가장 열심히 참여한 사람답게 정민은 주인공 역을 맡았다. 비록 본격적인 연극이 아니라 대본을 손에 들고 대사만을 읊는 낭독회였지만, 센터 운영진은 소극장을 빌리고 조명 위치를 확인하며 부산을 떨었다. 참가자들의 기를 최대한 살려주고 싶었다. 초대하고 싶은 친구, 가족도 모두 부르라고 했다.

낭독회 날 정민은 주인공답게 정장을 하고 구두까지 신고 나타났다. 머리를 손질하여 하나로 묶고 검은 뿔테 안경까지 쓴 모습은 하마터면 누구인지 알아보지 못할 뻔했다. 우리의 놀란 반응과 칭찬에 정민은 '구두가 껴서 불편하다'며 멋쩍게 웃었다.

극이 진행되며 클라이맥스에 이르러 정민은 당당한 표정과 울림 좋은 목소리로 힘주어 외쳤다.

"우리 모두 인정받고 싶다는 욕구가 있어.
하지만 너희 스스로의 믿음이 특별하다고 믿어야 돼.

다른 사람들이 별로라고 이상하다고 하더라도,

모두가 아니라고 할 때도.

로버트 프로스트가 말했지.

'두 갈래 길이 난 숲에서, 나는 사람이 덜 간 곳을 갔고 그게

차이를 만들었다.'

이제 너희 스스로 걸어봐.

보폭이며 속도, 방향 너희 마음대로 해!"

극본 속 인물의 대사를 외치며 정민은 스스로에게 말하는 듯했다. '그래 내 보폭, 내 속도, 내 방향대로 살아보자.' 그렇게 되뇌면서. 그날의 주인공은 그렇게 누구보다도 당당하고 멋졌다.

정민은 삶의 '재미'라고 표현했지만 이는 왜 살아야 하는 지에 관한 **삶의 목적과 의미**일 것이다. 내가 왜 살아야 하나, 내가 이런 힘든 일을 버티며 왜 삶을 유지해야 하나…… 꼬리에 꼬리를 물고 계속되는, 왜 살아야 하는지를 모르겠는 무의미함.

내가 정민에게 해주고 싶었던 것은 이런 생각의 물결에 작은 돌을 던지는 일이었다. 정민이 삶의 재미를 발견한 것처럼, 힘들어하는 이들에게 **'미래는 다를 수 있겠구나'라는 기대**

를 주는 **경험이 필요**하다. 사실 우리는 쉼 없이 이런 경험을 원하고, 이것을 찾기 위해 노력한다. **이러한 노력이 너무 힘에 부쳐 방전된 상태가 고립과 은둔, 그리고 무기력의 상태**이다. 이들은 아무것도 하기 어려운, 에너지 고갈 상태에 있는 것일 수 있다. 건전지가 방전되면 충전이 필요하듯 이들에게는 새로운 희망과 기대를 가질 수 있는 적절한 경험을 할 기회가 필요하다. 가능한 한 생생하고 구체적인 경험이면 더욱 좋다.

정민과는 그렇게 2년을 만났다. 그 뒤 정민은 삶의 현장으로 돌아갔다. 우리 센터를 다니면서 작은 회사에서 조금씩 일을 배웠고, 정민은 센터 '졸업' 후 그 회사의 직원이 되어 일하게 되었다.

과정을 마칠 때쯤 내가 정민에게 물었다. "10년 후 재미있는 일이 없으면 여전히 그냥 삶을 마치고 싶어요?" 정민의 대답은 달라져 있었다. "지금 생각 같아서는 그럴 것 같지 않아요. 10년 후에도 재미있는 일들이 생길 것 같아서요." 씨익 웃는 정민의 미소가 환했다.

작은 돌이 일으킨 물결은 어쩌면 곧 사라질 것이다. 하지만 그 파동이 만들어낸 **행복의 경험**은 한 개인의 기억 속에 남게 된다. 그리고 이는 행복한 경험을 다시 할 수 있길 **기대**하게 하고 그 기대를 향해 조금씩 움직이게 한다. 그래서 **삶에 대한 기대는 작아도 중요하다.** 어두운 과거가 미래로 이어질 것이라는 절망의 고리를 끊을 수 있는 새로운 경험, 작은 성공을 통해 느끼는 기쁨, 그 과정을 해내는 자신에게 품는 새로운 시각을 통해 우리는 의미 있는 삶을 기대할 수 있게 된다.

잠수의 표현법

25년 가까운 시간 동안 상담 현장에서 청소년과 청년들을 만나왔다. 한 사람 한 사람 기억을 되짚다 보면 그들의 얼굴 표정, 몸동작, 함께 나누었던 대화 내용들이 떠오르는데 유난히 목소리가 떠오르는 경우도 있다. 세영도 그런 사람이다. "안녕하세요." 하며 상담실 문을 들어설 때부터 "안녕히 계세요." 하고 등을 보이고 나갈 때까지 일관되게 부드럽고 나른한 목소리였다. 박세영, 만났을 때 나이 스물아홉. 2022년에 만났던 그 청년은 그 해 말, 한 해를 보내며 가장 생각나는 사람 중 한 명이었다.

중독이 빼앗아간 시간

　세영이 보인 가장 뚜렷한 특징은 게임중독이 심하다는 점이다. 본인의 표현을 빌리자면 게임하는 시간이 길다. 초등학교 고학년 때부터 게임을 시작해 중학교에 입학하면서부터 게임에 본격적으로 빠져들었고 차차 학원을 빼먹거나 게임비를 마련하려 거짓말을 많이 하면서 부모와 갈등이 심해져갔다. 그러다 "뚜렷한 이유 없이" 고등학교 2학년 때 자퇴를 했다. 세영은 자신이 자퇴 후 당연히 곧 검정고시를 통과하고 대학 입시를 준비할 거라고 생각했다. 하지만 학교를 벗어나 하루하루를 보내며 생활 리듬을 지키기가 어려웠다. 딱히 아침 일찍 일어날 이유가 없고, 오늘이 아닌 내일 해도 될 일들만 있고, 자신을 부르는 곳도 반기는 사람도 없는 일상 속에서 뚜렷하게 일과를 지켜갈 힘이 자신에게 없다는 것을 곧 알게 되었다. 그렇게 4~5년의 시간이 훌쩍 지났다. 그 시간 동안 부모와의 갈등도 깊어지고 풀어지고를 반복했다.

> "돌이켜보면 저도 이런저런 계획도 많이 세우고, 저랑
> 비슷한 나이 친구들이 있는 모임에도 나가봤지만,
> 결과적으로 이력에 넣을 것은 아무것도 없는 시간만 쌓인
> 거죠."

성취한 것이 아무것도 없는 시간의 누적이었다. 그러다가 20대 중반에 느지막이 입시 준비를 해 지방의 한 대학에 입학했다. 어렵게 결심하고 열심히 노력한 결과였지만 의식주 훈련이 되어 있지 않고 대인 관계 단절이 길었던 세영에게 새로운 환경은 **고립으로 빠져드는 입구**였다. 특히 학교 앞에 방을 얻어 자취하는 생활은 세영에게 깊은 늪과도 같았다. 식사를 거르고, 아침에 제시간에 일어나지 못하고, 건강이 나빠지고, 자신보다 나이 어린 동기들과 어울리지 못하면서 한 번 빠져든 늪에서 빠져나올 계기는 쉽사리 만들어지지 않았다.

> "제일 힘들었던 건 동기나 교수님들이 제 나이를 알고
> 질문하는 거였어요. 고등학교를 자퇴했다던데 지금까지 그
> 긴 시간 동안 뭐 했냐……."

자기 스스로도 납득하기 어려운 시간, 그러니 타인에게 설명하기 힘든 시간. 매일 그 자신에 대한 설명을 요구받으며 세영은 더 깊은 늪으로 빠져들었다. 결석과 학사경고가 이어졌고 결국 자의 반 타의 반으로 자퇴를 했다. 그리고 전과 비슷한 고립·은둔의 시간이 다시 2년 이상 이어졌다.

그 시간 동안 사실 세영이 아무것도 하지 않은 것은 아니다. 아주 가끔이지만 야간 알바(식당 설거지, 주방 보조)를 하기

도 했다. 그러면서도 과거에 그랬던 것처럼 대부분의 낮 시간에는 방에만 있거나 게임이나 유튜브 영상을 보며 시간을 보냈고, 그렇게 서른에 접어들 때쯤 나와 만났다. 그동안 줄곧 상담을 받아보라는 부모님의 권유가 이어졌고 몇 회기 받고 물러나는 행동을 계속하다가, 이번에도 열심히 권하는 부모님의 요청에 마지못해 상담실을 찾아온 것이다.

어떤 과제

세영은 언제나 약속한 시간보다 10~15분 늦게 와서 약간 시큰둥하지만 옅은 미소를 띤 표정으로, 늘 같은 의자에 같은 자세로 자리를 잡았다. 이런 시큰둥한 태도와 달리, 우리의(!) 대화는 꽤 흥미롭고 재미있었다. 읽었던 책, 좋아하는 영화, 자주 들었던 음악, 하늘을 보았을 때의 감정, 아파트 앞 놀이터에서 느끼는 계절 변화…… 이야기의 주제는 다양하게 이어졌고 대화는 마치 발길 닿는 대로 산책하듯 편안했다. 최소한 나는 그랬다. '이렇게 감수성이 풍부하고 대화를 즐기는 녀석이 어떻게 그렇게 긴 시간동안 관계를 끊고 살아왔을까?'라고 느낄 정도로 함께하는 시간이 풍성한 대화로 채워졌다. 말하는 가운데 점차 세영의 웃음이 많아졌고, 나도 그녀와의 만남이 기다려졌다.

세영이 매주 약속을 잘 지킨 것은 아니지만 상담은 몇 개월 동안 이어졌다. 봄에 시작된 상담이 여름, 가을을 지나 겨울로 접어들었다. 그렇게 긴 시간 만남을 이어가며 세영은 자연스레 자신이 아팠던 시간들을 조금씩 털어놓았다. 나의 예상을 깨고 세영은 조금 눈물을 보이기도 했고, 고통스러운 기억 때문에 질끈 감은 눈꺼풀을 가늘게 떨며 몇 분을 보내기도 했다. 그리고 오랜 시간 이어진 중독과도 같은 게임에 대해서도 얘기를 나눴다.

"사실 저는 게임이 지겨울 때가 많아요. 다른 사람들이 자기가 좋아하는 거, 경험한 걸 얘기할 때 저는 게임밖에 말할 것이 없다는 게 수치스러워요. 하지만 저는 할 수 있는 게 없어서 눈 뜨면 게임을 해요. 참 비겁하죠. 저도 알아요. ……『어린 왕자』에 나오는 술주정뱅이 있잖아요. 어린 왕자가 '아저씨는 왜 계속 술을 마시냐'고 물으니까 그 남자가 대답하죠. '술만 마시는 내가 창피해서 술을 마시고, 그런 나를 보기 힘들어 다시 마신다'고. 저는 제가 그 남자 같은 마음으로 게임을 하고 있는 거 같아요."

세영에게 게임은 그런 의미가 있었던 거다. **자신의 부끄**

러움을 피하고 싶은데 숨을 수 있는 유일한 것이 게임이었다. 그렇게 피할 곳을 찾아 애타게 두리번거렸을 그녀의 시간들이 아프게 다가왔다. 비록 중독이 고립·은둔에서 벗어나는 데 도움을 주지 못하고 많은 경우 세상과 더욱 단절하게 하는 방법이지만, 작은 손바닥으로라도 하늘을 가리고 싶었을 세영의 마음을 느낄 수 있었다. 그리고 세영은 자신이 『어린 왕자』 속 술주정뱅이와 같이 **스스로 부끄러움을 계속 만들어내고 있다는 사실** 또한 잘 알고 있었다. 알면서도 계속 선택하는 사람의 고통, 그 아픔이 세영의 구겨진 표정과 내려앉는 어깨에 고스란히 묻어 있었다.

세영이 고통스럽게 기억하는 일들은 몇 가지 더 있었다. 그중 하나는 자신에게 친절하고 진심으로 잘 대해준 사람들에게 제대로 된 인사나 설명도 없이 관계를 끊었다는 점이다. 같이 활동하던 언니, 알바하던 식당 사장님…… 스스로도 설명하지 못하는 이유로 그 관계를, 아니 모든 관계를 끊어버리고 '잠수'를 탔는데 아마 그들은 자신을 이해하지 못할 거고 자신에게 배신감을 느낄 거라고 괴로워했다. 이미 수 년, 때로는 10년 이상 지난 기억인데도 그들에 대한 미안함에 세영은 고통스러워했다.

이렇게 후회스러운 경험들을 한참 나눈 후, 나는 한 가지 제안을 했다. 그들에게 실제로 사과해보면 어떻겠냐는 것이었다. 나의 말을 듣고 세영은 한동안 생각에 빠졌다. 예의 비스듬한 자세, 꼬아 앉은 다리 위에 턱을 고이고 한참을 침묵했지만 그녀의 눈빛이 흔들렸다. 아마도 수많은 기억 조각이 세영의 머릿속에 떠올랐을 거고, 그녀는 기억 속 인물들과 함께 보낸 시간을 오갔을 것이다. 세영은 이후 나지막하게 '생각해보겠다'고 했다.

그들에게 자신의 감정을 직접 표현하는 것은 세영에게는 평생 처음 해보는 새로운 과제였다. 사실 고립·은둔 청년뿐 아니라 많은 이들이 어려워하는 일이다. '이렇게 해야 한다. 이렇게 했으면 좋겠다.'라는 생각을 오랜 시간 끌어안고 있으면서도 **단 한 조각의 실행**도 하지 못하는 것이다. 특히 고립·은둔 당사자들은 대체로 자신의 과거 경험을 반복적으로 반추하고 후회하며 자책하는 정도가 심하다. 하지만 이를 바로잡으려는 어떤 실천도 하지 못하고, 처리하지 못한 감정에 긴 시간 고통스러워하는 경우가 많다. 많은 고립·은둔 청년들과 같이 세영도 자신이 했던 후회스러운 일에 대해 괴로워했고 이에 얽힌 감정을 조금이라도 청산하고 싶어 했다. 그런데 어떤 계기도 도움도 없어 그저 제자리를 맴돌았던 것이다.

한 주가 지난 상담에서 세영은 내 제안대로 해보겠다고 했다. 먼저, 알고 지냈던 언니에게 자신이 갑자기 연락을 끊어 버린 것, 이후 언니가 여러 번 연락해줬는데 모두 답하지 않은 것에 사과하고 싶다고 했다. 그리고 친절하게 대해주고 두 번이나 임금을 가불해준 식당 사장님에게도 인사 없이 갑자기 알바를 그만둔 것에 대해 사과하고 싶다고 했다. 세영은 만남에 대한 구체적인 계획을 세우고 그들에게 연락했다. 그리고 드디어 7년, 10년 만에 그들을 찾아가 사과했다. 아니, '그냥 씩 웃어줬다'고 했다. 그들은 "어떻게 지냈어. 궁금했네!"라며 반가워했고, 선배 언니와는 오래전 자주 그랬던 것처럼 식사까지 했다. 이럴 수가……. 세영은 신기해했다.

> "좀 놀랐어요. 그렇게 간단한 일이었는데 긴 시간 후회와
> 자책 속에서 시간을 보냈네요. 신기하고 어안이 좀
> 벙벙해요."

그들이 어떻게 반응할 거라고 예상했는지 내가 묻자 세영은 말을 이었다.

> "글쎄요……. 나를 혼내거나 화낼 거라고 예상하지는
> 않았어요. 사실 그들은 내가 워낙 감정 표현을 못 하고 말할
> 게 있으면 피해버리는 걸 이미 꽤 알고 있었을 것 같아요.
> 그러고 보니 나는 죽도록 힘들었는데 그들은 나에게 크게
> 놀라지도 않았을 것 같네요. 허허."

이렇게 개인이 과거의 경험에서 비롯된 감정을 완전히 인정하고 처리하지 못해 남는 것을 **미해결 감정**이라 하고, 이렇게 처리하지 못한 과제를 **미해결 과제**라고 한다. 미해결 감정과 미해결 과제가 지나치게 쌓이면, 일상에서 잦은 스트레스와 심지어는 심리적 장애를 경험하게 된다. 또한 현재를 온전히 살기보다는 과거에 얽매이게 된다. 따라서 내게 어떤 중요한 미해결 과제가 있는지를 살피고, 확인되면 이를 해결하기 위해 노력하는 것이 중요하다.

특히 앞서 말했듯, 과거 경험에 집착하고 미해결 감정을 켜켜이 쌓아두는 경우가 많은 고립·은둔 당사자들에게 미해결 감정 해소는 큰 의미를 갖는다. 이때, 노력의 결과(예를 들어, 말끔하게 문제를 해결한다거나 예상대로 목적을 달성하는 등)도 중요할 수 있겠지만, **자신의 심리적 에너지를 빼앗아온 것이 구체적으로 무엇이었는지를 아는 것만으로도** 이들은 안도감을 느낀다. 자신이 왜 자주 불안정하고 불만족스러웠는지에 대한 이유를 알게 된 데서 오는 안도감이다. 특히, 세영이 한 것처럼 아주 작은 것이라도 생각 속에만 있던 바람을 직접 실천해보는 것은 의미가 꽤 크다. 나는 '생각만 하고 주저앉는, 비겁하거나 무력한 사람'이 아니라, '스스로 미해결 과제를 줄이고 실천하는 근사한 사람'임을 목격할 수 있기 때문이다.

상대의 언어를 이해한다는 것

하지만 이 이야기는 해피 엔딩이 아니다. 내가 세영을 다른 청년들보다 더 뚜렷하게 기억하고 그 친구의 목소리를 자주 떠올리는 이유인지도 모른다. 선배 언니, 식당 사장님과의 만남 이후에도 몇 개월 동안 상담이 이어졌고, 세영은 다시 대학에 가보고 싶다는 뜻을 보였다. 여러 번 다양한 각도에서 대화를 나누며 전공을 정했고, 사이버대학 중 한 곳의 입학 준비로 조금씩 초점을 좁혀갔다.

그런데 지원 마감이 얼마 남지 않은 즈음, 세영이 갑자기 연락을 끊고 상담에 나타나지 않았다. 지금 돌이켜보면 예견된 수순이었다. 나의 큰 실책이었다. 내가 대학 입학을 제안하거나 몰아간 것은 아니었지만, 세영은 자신의 원함과 원치 않음을 말이 아니라 행동으로 표현하는 사람이었다. 상담에 나타나지 않음. 이는 곧 나는 대학에 가기 싫어요, 대학에 다닐 자신이 없어요, 혹은 대학에 다니는 건 내게 의미가 없어요, 라는 표현이다. 그는 **잠수의 표현법**을 쓴 것이다.

잠수, 연락을 끊음. 이는 고립과 은둔을 선택하는 청년들이 흔히 사용하는 언어이자 표현 방식이다. 왜 이런 표현법을 쓰는 것일까? 이들이 대인 관계에서 가장 힘들어하는 것 중 하나는 상대에게 부정적 의사 표시를 하는 것이다. 아주 사소한 것이라도 이들은 '내 생각과 다르다. 나는 하고 싶지 않다.'를 말하기 어려워한다. 늘 남의 의견에 맞추고 따르게 되고, 상대와 같은 생각/감정/취향/바람이기 위해 애를 쓴다. 즉, **'자기 주장'**에 매우 취약하다. 그러다 보니 흔히 주변 사람들에게 착한 사람, 순응적인 사람이라는 평을 듣게 된다('착하다는 말은 그만 듣고 싶다'가 많은 고립·은둔 청년들이 진저리 치며 바라는 점이기도 하다). 속내를 들여다보면 은톨이들은 인정받지 못하고 거절당하는 것을 극도로 두려워한다. 자신이 상대에게 맞추지 않으면 대인 관계에서 문제가 생길까 두려운 것이다. 좀 더 깊이 들어가 보면, 결국 나의 특성(생각, 감정, 취향, 바람 등)이 별로 내세울 만하지 않고 바람직하지 않기 때문에 타인들에게 주장할 만하지 못하다는 지점과 연결된다. 즉, **자신에 대한 자신 없음, 나 다움에 대한 불신임과 불수용**이 그 안에 있는 경우가 많다.

문제는 이러한 패턴이 반복되며 은톨이들이 자신을 죽이고 타인에게 맞추는 것에 점점 지치게 된다는 것이다. 대부분은 이렇게 지치는 줄도 모르는 채 자기 표현을 억누르다가 어느 순간 더 버티지 못하고 무너진다. 그러한 '무너짐'이 잠수나 고립, 은둔으로 나타나는 것이다. 이렇다 보니 고립·은둔 청년의 주변 사람들(특히 가족)은 "그들이 그 정도로 힘든지 몰랐다, 어느 날 갑자기 사라져서 놀라고 당황스러웠다."라고 말하거나 때로는 "왜 그때그때 표현하지 않았냐."라고 고립·은둔 당사자를 비난하기도 한다.

　나 또한 세영이 보인 의욕, 그리고 자연스럽게 다음 단계로 넘어가려는 그녀의 노력 속에서 세영이 익숙하게 사용해 온 표현법을 잠시 망각하고, 방심했다. 일반 사람이라면 몰라도 상담자로서 그녀의 표현 방식에 더욱 유의했어야 했다. 그런데, 많은 고립·은둔 청년들이 그렇듯이 세영 또한 자신이 쓰고 있는 표현법에 대해 충분히 이해하지 못했을 거다. 과거 자신이 반복해서 잠수의 표현법을 썼다는 사실은 알고 있지만, 그렇게 관계를 끊는 것 말고 다른 표현법은 잘 알지 못할뿐더러 그것에 익숙하지 않았을 것이다. 그러니 내가 먼저 세영의 언어에 익숙했어야 했다. 그리고 시간이 허락하는 만큼 그녀가 **다른 표현법을 배울 수 있도록** 도와야 했다. 싫고 힘들다고 표현해도 된다는 것을 알려주고, 도움을 요청할 기회를 주고, 자신이 그것을 진심으로 원하는 것인지 확인하도록 기다려주고……. 그녀가 서둘러 상대에게 맞추기 전에, 스스로 충분히 살피고 돌보며 진짜 자신의 것을 표현할 수 있도록 배려해줘야 했다. 더디고 낯설더라도 꼭 필요한 다양한 표현 방식을 배울 수 있도록 도와야 했다.

　그렇게 세영은 '미안한 단절'을 했고 이후 소식을 모른다. 나에게는 참 아쉽고 기억에 남는 만남이다. '다음에는 그러지 말아야지' 정도가 아니라, 할 수 있다면 세영에게 사과하고 싶

다. **네 세계의 언어를 알아듣지 못해 미안하다고,** 나의 모국어
와 달라 내가 미숙했다고, 그리고 다시 기회가 된다면 서로가
알아들을 수 있는 언어에 대해 같이 공부해보자고. 세영에 대
한 안타까움과 미안함을 이렇게 글로 전하고 있다.

나는 피해자예요

화면 너머로 보이는 스물다섯 살 수현은 통통한 볼, 귀여운 인상의 젊은이였다.● 벌써 20대 중반을 넘어서고 있다고 겸연쩍게 말하지 않았다면 나이를 가늠할 수 없을 만큼 앳된 얼굴이었다. 예쁘게 웃는 표정과 달리 수현은 이렇게 말했다.

"더는 희망이 없다고 생각하는 게 당연한 나이잖아요.

● 수현의 상태를 너무나 안타까워하는 어머니가 상담을 요청했고, 제발 딸과 지속적으로 만나달라고 간절하게 부탁했다. 다행히 수현이 상담에 응했지만 대면 상담은 거부해 비대면으로 만남을 이어갔다.

그런데 제가 이렇게 된 건 모두 부모 탓이에요.”

겨우 20대 중반인데 더는 희망이 없는 게 당연하다니……. **집채만 한 절망과 무망감**hopelessness에 짓눌린 모습, 그것이 내가 만난 수현의 첫 모습이었다. 그녀는 곧이어 부모에 대한 원망을 쏟아냈다. “저는 엄마 아빠한테 너무 많은 피해를 당했어요. 엄마 아빠는 가해자고, 지금 제가 이렇게 된 건 다 엄마 아빠 탓이에요.” 수현은 마치 시간에 쫓기는 사람처럼 부모가 자신에게 얼마나 많은 잘못을 했는지 서둘러 말했다.

참고 위축되고 가라앉고

수현은 어린 시절 꽤 활발하고 호기심도 질문도 많은 아이였다. 오빠보다 한글도 빨리 떼고 눈치도 빨라 주변에서 똑똑하다는 평도 많이 들었다. 그런데 자신이 느끼기에 부모님은 오빠에게만 호의적이고 자신의 모든 행동에 비난이 많았다. 남아 선호 사상에 찌든 것인지 왜인지 도대체 이해가 가지 않지만, 분명히 부모님은 모든 면에서 자신을 오빠와 비교했고 자신이 원하는 모든 것을 제재했다. 운동을 좋아해서 학교에서 선수로 활동하고 싶었지만 허락하지 않았고, 미술부에 들고 싶어 도구를 사달라고 했지만 쓸데없는 일이라고 무시당했다. 부모님은 수현이 어울리는 친구들이 우수하지 않다고 비난했고, 조금만 늦게 귀가하면 크게 꾸중했다. 수현은 공부도 곧잘 했지만 성적이 조금만 떨어져도 호되게 혼났다. 수현이 기억하는 한 이 모든 면에서 부모님은 오빠에게는 허용적이었고 자신에게는 비판적이었다. 억울하고 부당하다고 생각하기도 했지만, 그런 일이 있을 때마다 수현은 부모님께 칭찬받기 위해 부단히 애썼다. 인정받기 위해 더욱 노력했다.

그러다가 중학교 때 부모님이 운영하던 사업이 크게 기울어졌다. 부모님은 투자 실패를 만회하려 했지만 지인에게 사기까지 당하면서 수현이 가족에게 갑자기 심각한 빈곤이 시작되었다. 이전에 살던 부유한 동네를 떠나 이른바 '달동네'에서의 삶이 시작되었고 수현은 시에서 가장 낙후되었다고 알려진 학교로 전학을 해야 했다.

"낯설고 불편했죠. 그런데 제가 그런 학교에서도 제일 가난한 학생 중 하나가 된 거예요. 엄마는 어쩔 수 없이 막노동 비슷한 일을 시작했고, 아빠는 돈 벌겠다고 다른 지방으로 갔고요. 상황이 그렇게 갑자기 안 좋아졌는데도 엄마 아빠는 똑같았어요. 오빠한테는 호의적이었고 저한테는 모질게 굴었어요. 오빠 공부하는 데 문제 생길까 봐 엄청 걱정했지만 저한테는 도무지 관심이 없는 거예요. 오빠는 자기만 챙기고, 저는 조금이라도 도와드리겠다고 집안일도 많이 했어요. 근데 전처럼, 아니 전보다도 더 무관심했어요. 오히려 저한테 스트레스를 풀었죠. 엄마는 저녁마다 울고 신세 한탄했고요. 근데 학교에서는 왕따도 당했어요. 애들은 저에 대해 말도 안 되는 소문을 퍼트리고 무시하고⋯⋯."

가장 예민한 청소년 시기에 수현은 많은 사건을 한꺼번에 경험했다. 수현의 얘기를 들으며 나는 어린 소녀의 마음에 하나하나 쌓여갔던 **큰 돌덩이의 무게**를 느낄 수 있었다. 더욱이, 자신의 슬픔과 아픔은 돌보지 않고 가정의 어려움을 조금이라도 개선하기 위해 어머니를 도우며 동분서주했을 수현의 일상이 아프게 그려졌다.

이후에도 상황은 비슷하게 이어졌는데, 수현의 표현으로 더욱 기막혔던 건 가끔씩 손님처럼 오는 아버지가 전혀 힘들어 보이지 않고 오히려 잘 지내는 듯했다는 점이었다. 자신과 엄마는 끼니를 굶을 때도 있었는데 아버지는 걷기 동호회에 들었다고 새로 산 워킹화를 보여주기까지 했다. 수현이 눈치껏 알아낸 바에 의하면 아버지는 생활비도 제대로 보내지 않았다. 가족은 어머니가 새벽부터 밤까지 노동을 하며 겨우 연명하고 있었다. 삶에 지친 어머니는 수현이 학교에서 당하는 왕따나 망가지는 일상에 모두 무심했다. 수현은 배신감에 치를 떨었다.

"아빠는 이기적이고 엄마는 무기력하고…… 그런 건 부모가 절대로 보여서는 안 되는 행동이잖아요."

이렇게 수현은 **참고 위축되고 가라앉으며** 침몰했다. 그리고 더 이상 견딜 수 없다고 여겨진 고1 때 자퇴를 했다. 자퇴 이후 수현은 어찌할 바를 모른 채 깊은 우울에 빠졌다. 일상이 무너지며 낮과 밤이 바뀌었고 불규칙한 폭식이 이어지며 10Kg 이상 살이 쪘다. 이전의 눈치 빠르고 쾌활했던 면은 사라졌고 사람을 만나면 어떤 말을 해야 할지 몰라 피하게 됐다. 수현은 그런 자신을 **"추악하다"**고 표현했다. 이렇게 '추악해진' 상태로는 절대 세상으로 나갈 수 없다고 생각했다. 그렇게 늪에 빠졌고, 늪 속에서 시간은 쏜살같이 흘렀다. 두세 번 단기 아르바이트도 했고 소식을 궁금해하는 친구 연락에 가끔 외출도 했지만 **"아무것도 보여줄 것 없는"** 시간이 8년 가까이 흘렀다.

토로와 고발 사이

부모는 그러면 안 되는 거라고, 세상 어느 부모도 자신의 부모처럼 무책임하지 않다고, 모든 부모는 다 자식을 보호하고 책임지려 애쓰는데 나의 부모는 자신의 감정과 욕구만을 챙겼다고, 나를 빼고 우리 온 가족은 극심히 이기적이라고, 자기도 이기적으로 살까 생각했지만 도저히 양심상 그럴 수 없었다고, 그런 이기적인 사람들 사이에서 자신만 망가졌다고…… 수현은 울며 소리치며 애통해했다. 그리고 부모에게 복수하고 싶다고 했다.

"어떻게 복수하고 싶은가요?"
"부모님하고 의절할 거예요. 아무리 보고 싶어 해도 저를 절대로 보여주지 않을 거예요. 그리고 엄마 아빠는 잘못을 참회해야 하기 때문에 제가 독립하는 데 필요한 모든 재정적 도움을 줘야 해요."

계속 이어지는 수현의 '부모 고발'을 나는 묵묵히 들었다. 마치 고장 난 녹음기처럼, 더 이상 새로운 정보가 나오지 않는데도 불구하고 수현의 울분은 이어졌다. 매 회 한 시간 상담의 거의 80~90%가 이전 시간과 거의 동일한 '부모의 만행' 얘기로 채워졌다. 이를 막기도 어려웠지만 나는 막지 말아야겠다고 생각했다. "이런 말들을 누구에게 한 적이 있나요?"라는 나의 질문에, 수현은 조금씩은 말해봤지만 이렇게 실컷 말하는 것은 처음이라고 답했다. 그러고는 자신이 당한 일들을 내가 더 알아야 한다고, 아직도 못한 얘기가 많다고 힘주어 말했다. 그렇게 한동안 **부모=가해자, 자신=피해자**의 토로가 이어졌다.

　　어머니를 통해 파악한 바에 의하면 수현은 은둔 생활을 하면서, 특히 최근 들어 거의 매일 저녁 부모에게 자신의 인생을 돌려달라고 고함치고 있었다. 어머니는 딸이 말하는 자신들의 잘못은 알겠는데(그리고 깊이 후회하는데) 이제 와 무엇을 어떻게 해야 할지 정말 모르겠다고 힘겨워했다. 그때 정말 먹고살기 힘들어 딸의 마음을 몰라준 것은 자신들의 잘못이라고 고개를 숙였다. 하지만 수현의 말처럼 일부러 혹은 뚜렷하게 아들과 차별해서 키운 적은 없다고 했다. 자신들이 막노동을 해서라도 아이들을 상처 받지 않게 키우려 애썼는데 역부족이었던 것 같다고 눈물 흘렸다.

어쩌면 나를 포기하지 말아달라는 메시지

　　화면으로 만난다는 답답함 속에서 수현의 한탄과 원망은

그렇게 끝없이 이어졌다. 두 달여가 흐르며 수현이 쏟아내는 변함없는 레퍼토리와, 어쩌면 앞으로도 변화가 없을지 모른다는 생각에 사실 나도 조금씩 지쳐갔다. 결국 나는 수현의 분노와 억울함을 모두 해소시켜주거나 부모에게 복수하는 것을 돕는 건 어렵다고 내 마음을 전했다. 수현의 고통스러운 마음은 알겠지만, 지금처럼 부모님을 끊임없이 원망하고 과거를 돌려내라고 요구한다면 내가 도울 수 있는 게 없을 것 같다고 털어놨다. 그러니 어떻게 하면 좋겠냐고 수현에게 물었다.

거짓말처럼 들리겠지만, 나는 드물지만 가끔 내담자들에게 상담을 계속하기가 어렵다는 말을 한다. 그들을 겁주기 위해 일부러 말하는 게 아니라, 정말 내가 어쩔 수 없을 것 같을 때 이를 고백하고 **도움을 청한다.** 이러한 고백은 특별한 상담 기법은 아니지만, 상담에서 가장 중요하게 여기는 상담자의 **진솔성, 또는 일치성**genuiness과 통한다. 이는 상담자가 자신의 내면에서 경험하는 것과 내담자에게 표현하는 표면상의 반응이 가능한 한 일치하도록 노력하는 것을 말한다. 또한 진솔성은 상담자가 한 명의 인간임을 인정하는 태도이고, 한 인간으로서 갖고 있는 자신의 가치관, 감정, 능력의 한계를 숨기거나 방어하며 만남을 이어가지 않는 태도를 말한다. 이러한 정직한 나눔은 상담자와 내담자 간에 보다 깊고 신뢰 있는 관계를 형성하는 중요한 요소가 된다. 이와 반대되는 태도, 즉 불일치성을 갖는 경우, 상담자는 내담자의 모든 것을 이해하고 수용하는 것처럼 행동하거나 자신이 똑똑하고 유능해서 내담자가 제기한 문제를 다 해결할 수 있는 것처럼 행동하게 된다.

더는 그를 돕기 어렵다는 나의 말, 어떻게 하면 도울 수 있을지 잘 모르겠다는 나의 말에 수현은 조금 주춤하는 듯했지만, 그러든 말든 내 부모가 얼마나 나쁜지 더 들어보라고 나를 채근했다. 그렇게 불편한 비대면 만남이 지속되던 어느 날 수현이 풀 죽은 목소리로 말했다. **도와달라고**. 사실 내가 어느 정도는 부모 **핑계**를 대고 있다는 걸 안다고. 비록 어린 시절과 10여 년 전의 부모는 내게 많은 잘못을 했지만, 자퇴 후의 시간 동안 무너진 건 내 잘못이 크다고. 그리고 말을 이었다. "사실 나는 분가하고 싶은데 혼자 살아갈 자신이 없어요. **이렇게 모든 게 망가진 내가 혼자 뭘 할 수 있겠어요.**" 말을 마치며 수현은 눈물을 터트렸다.

그렇게 간신히 계기가 마련됐다. 내가 일찍 포기했다면 어떻게 되었을지, 반성하며 가슴을 쓸었다. 그리고 나는 제안했다. 이제 **내 얘기**를 해보자고. 타인(부모)에게 꽂혀 있던 시선을 자신에게로 돌려보자고. 그리고 우리의 **2인 3각 협력**이 본격적으로 시작됐다.

자신에게 초점을 두고 얘기해보자는 제안에 수현은 놀라울 만큼 힘들어했다. '지금 이렇게 지내고 있는 기분이 어떤지,

세상에 다시 나갈 생각을 하면 얼마나 두려운지'와 같은 불편하고 힘겨운 주제가 아니더라도, '오늘 먹은 점심 맛이 어땠는지, 무슨 색을 제일 좋아하는지, 지금 내 말을 듣고 어떤 생각이 드는지'처럼 자연스러운 생각과 감정을 느끼고 표현하는 것도 매우 힘들어했다. 하지만 수현은 노력했다. 마치 처음 걸음마를 배우는 아기처럼 더듬더듬 자신의 감정을 확인했고 조심조심 자신의 내면을 들여다보기 시작했다.

나를 마주하는 훈련

사실 이렇게 자신의 생각과 감정을 알아가는 데는 따로 왕도가 없다. 다만, 분명히 하지 말아야 할 것들과 해야 할 것들이 있을 뿐이다. 우선 피하지 말아야 한다. 자신의 생각이나 감정을 피하는 데는 여러 이유들이 있지만, 공통적으로는 그것을 자신이 인정할 수 없고(인정하기 싫고) 불편하기 때문이다. 하지만 자신의 생각과 감정을 잘 인식하기 위해서는 이에 대해 긍정/부정을 따지거나 평가하지 않아야 한다. 그저 **내게 들어오는 생각과 감정 그대로와 마주하는 것**이 필요하다.

또한 '늘 생각하고 느끼던 대로가 나의 전부인데 무엇을 더 봐야 하냐'며 마음의 문을 닫지 말아야 한다. 대신, **겨우 일**

부만 인식하고 살아온 자신의 숨겨둔 부분을 보기 위해 잠시 머무르는 것이 필요하다. 전문가가 아니어도 스스로가 이에 대해 질문할 수 있다. '나는 지금 어떤 기분인가?' '조금 전 그 말을 들었을 때 나는 기분이 어땠나?' '지금, 그리고 이후의 삶에 나는 어떤 바람을 갖고 있는가?' '그 사람을 볼 때마다 느껴지는 알 수 없는 감정은 뭔가? 미움인가? 실망인가? 기대감인가?' 등등……. **자신의 생각과 감정을 들여다보고 자문하는 것**은 누구나 할 수 있다.

그리고 비록 이러한 질문들에 또렷하게 답할 수 없다 하더라도 질문을 하는 것은 내가 **나 스스로를 살피고 돌보는 것**과 같다. 마치 눈앞에 있는 시무룩한 표정의 아이에게 '너 왜 그래? 힘든 거 있으면 내가 뭐 도와줄까?'라며 따뜻한 눈길로 챙겨주는 것과 마찬가지다. 중요한 것은 이러한 돌봄을 어느 날 몰아서 하는 것이 아니라 **습관처럼 일상적으로** 하는 것이다.

이후 수현은 꾸준히 그 노력을 이어갔다. 나는 그 노력이 고맙고 기특했다. 그렇게 몇 달간의 만남이 계속됐다. 결코 평온하거나 쉽지 않은 만남, 언제 끊어져도 이상하지 않을 만남이었지만 수현은 한 번도 빼먹지 않고 상담에 응했다. 수현이 요동치는 자신의 감정으로부터 얼마나 풀려나고 싶어 하는지 그 간절함이 고스란히 전달되었다.

수현은 진심으로 부모와 의절하고 싶다고 말했고 이에 대한 구체적인 계획을 세우길 원했다. 그런데 얘기를 나누다 보니 이해되지 않는 부분이 있었다. 수현은 지금도 바로 방을 얻어 나갈 수 있는 상황이었다. 대학도, 직장도 다니지 않고 모든 대인 관계를 끊은 채 매일 저녁 분노를 터트리는 수현을 애달파하며 어머니는 아이를 위해 오랜 기간 동안 조금씩 돈을 모았고, 지금이라도 작은 방을 얻어 딸을 분가시킬 수 있었다. 물론 그 사실을 수현도 잘 알고 있었다. 그렇지만 수현의 분노도 그대로, 부모의 지속적인 사죄도 그대로…… 모든 가족이 되돌이표 속 시간을 보내고 있었던 거다.

왜일까? 왜 수현은 문을 박차고 부모 곁을 떠나지 않는가? 왜 '원수들'과의 동거를 끝내지 않는가? 나는 수현에게 물었다. "내일이라도 당장 나갈 수 있는데 왜 나가지 않고 부모와 자신에게 상처를 더하고 있나요?" 한참을 생각하다 수현이 내놓은 대답은 솔직하고도 가슴 아팠다.

"무서워요. 도와주는 사람 없이 이 사회에서 새롭게
시작하는 건 생각만 해도 두려워요."

이것이 이 상담의 목적지였는지도 몰랐다. 어쩌면 이제껏 수현이 부모에게 소리치고 피해보상을 요구한 밑바탕에는 이러한 두려움이 있었고, 수현이 쏟아낸 고발들은 '내가 이렇게 두려우니 도와달라'는 표현이었을 것이다. 침묵과 달리 **분노와 원망은 메시지를 담고 있다.** 그것은 어떤 방식으로든 대화를 원한다는 표현이다. 수현이 그런 방식으로 마음을 표현하며 스스로나 주변 사람 모두에게 계속해서 상처를 주고 또 받는 것이 안타까울 뿐이었다.

　수현은 지금 도전 중이다. 야식을 줄이고, 조금씩 방을 정리하고, 밤 산책을 시작했다. 수백 가지를 계획한다 하더라도 결국 이를 이루기 위해 손발을 움직여 하나라도 실천하는 것이 위대한 도전이다. 그리고 이러한 도전을 위해서는 용기가 필요하다. 수현은 지금 그걸 하고 있다. 오랜 은둔의 시간 끝에, 두려움뿐이던 세계로 한 걸음을 내디딘 것이다.

　아기가 젖을 떼면 이유식을 먹고 이유식 이상의 영양분이 필요할 때 일반식을 먹는다. 앞으로 수현은 그렇게 자신의 삶에 필요한 것들을 때에 맞춰 공급하며 살아내야 할 것이다. 용기 있는 변화도, 안 될 것 같은 좌절도 함께 경험할 것이다. 무엇보다 **스스로 할 수 있을 때와 도움이 필요한 때를 오갈 것이다.** 하지만 수현은 이 모든 걸 이번에 훌륭하게 해냈다. 그리고 다음에도 이번처럼 또 하면 된다. 서두르지 말고 천천히, 도와달라고 말하며, 처음 배우는 것은 처음 배우는 대로 서툴더라도 그렇게 한 걸음씩 하면 된다. 나는 수현이 그럴 수 있다고 믿고 있고, 수현도 자신을 그렇게 믿어주길 간절히 바란다. 수현의 그 모든 걸음에 아낌없는 박수를 보내고 싶다.

고립, 은둔, 니트
― 어떻게 명명할 것인가 ―

사물이나 현상, 사건에 어떻게 이름을 붙이는가는 중요한 문제이다. 정신분열병이 조현병*이 되고 이 병에 대한 부정적 시선이 조금은 달라진 것을 보면, 사회 문제에 대한 명명은 문제를 대하는 대중의 인식을 결정하기도 한다.

일본에서는 **히키코모리**라 불리는 이들, 위축되고 낙담하여 사회적 관계를 끊고 은둔하는 청소년, 청년이 한국에도 많

● 조현병은 과거 정신분열병이라고 불렸지만 이 병명이 대중의 편견을 조장한다는 의견이 많아, 2011년 '현악기의 줄을 고르다'라는 의미의 조현병調絃病으로 명칭이 바뀌었다.

다는 사실이 알려지면서 연구자들에게는 한 가지 고민이 생겼다. 이들을 뭐라고 불러야 하는가에 대해서이다. 이들을 가리키는 다양한 용어가 등장했지만 각 용어가 충분한 전달력이 없고 사회적 공감을 얻지 못하면서 여기저기서 저마다의 정의로 다른 명칭을 써왔다.

　일반적으로 가장 널리 알려진 용어는 **은둔형 외톨이**일 것이다. 하지만 이 용어는 대상을 부정적으로 지칭한다는 이유로 공식적으로는 '(사회적) 고립' 혹은 '은둔'이라는 용어를 많이 쓰고 있다. '니트^{NEET}'도 종종 이들을 가리키는 용어로 사용되는데, 고립·은둔 문제를 처음 접하는 사람들에게 혼동을 주기도 한다.

은둔

　은둔은 '은둔형 외톨이'라는 말과 함께 일본의 '히키코모리引き籠もり'의 번역어로 주로 사용되었다(김혜원 외, 2021). 은둔은 고립과 마찬가지로 관계 단절과 물리적 단절 상태에 있음을 의미하지만, 당사자가 고립에 비해 더 제한된 공간 안에 있고 타인과의 유의미한 관계가 끊겨 있다는 특징을 지닌다. 말하자면 은둔은 그림 1에서 보듯이 고립의 연속적인 스펙트럼 내에서 더 극단적인 형태라 볼 수 있다(김성아 외, 2021, 2022).

은둔의 상태에 있다는 것은 무엇을 의미할까? 일반적으로 다음 세 가지 특징을 동시에 보일 때 은둔 상태로 본다(여인중, 2005; 김기헌, 2017; 오상빈, 2019; 김혜원 외, 2021).

① 대부분 자신의 방이나 집 안에만 머무른다.
② 간헐적이고 일시적인 외출은 하더라도 가족 외 사회적 관계를 맺지 않는다.
③ 이상의 상태가 일정 기간(3개월에서 6개월 이상) 지속된다.

세 가지 기준에 부합한다 하더라도 은둔 상태가 명백하게 지적장애나 정신질환을 원인으로 해 발생하는 것이라면 여기서 다루는 고립·은둔과는 구분한다. 발생 이유와 경로가 다르기 때문에 대응 방법에도 차이가 있기 때문이다.

고립

은둔과 비교할 때 고립은 사회적 관계나 활동 단절이 상대적으로 덜 심각하다. 고립은 '사회적'을 앞에 붙여 '사회적 고립'이라는 용어로 사용하기도 한다. 일반적으로 고립은 물리적 단절을 의미하며, 정서적 측면에 초점을 두는 외로움이나 고독 또는 고립감과 구분된다(김성아 외, 2021). 사람들에게 둘러싸여 있어도 외로움이나 고독을 느낄 수 있는 반면, 고립된 상

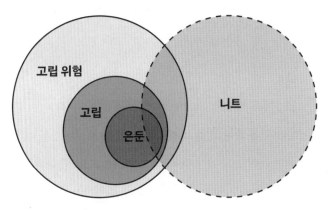

그림 1. 고립, 은둔, 니트의 관련성•

태에서 외로움을 느끼지 않는 경우도 있기 때문이다.

고립은 다시 **객관적(외부적) 고립 상태**와 **주관적(내부적) 고립 상태**로 나눌 수 있다. 외부적 고립 상태에 있는 사람은 타인과의 사회적 관계, 어려운 일이 있을 때 도움을 청할 수 있는 지지 체계, 외출 정도가 객관적으로 부족하다. 반면, 내부적 고립 상태에 있는 사람은 외롭다고 느끼는 주관적 측면인 고립감이 커서 스스로 사회적 관계 자본이 부재하거나 부족한 상

• 　출처: 김성아 외(2022). 『고립,은둔 청년 지원사업 모형개발 연구』, 한국보건사회연구원, p.19.

황이라고 여긴다.

니트

니트NEET, Neither in employment nor in education or training는 **직업이나 교육 혹은 훈련 과정에 있지 않은 상태**를 말한다. 즉, 사회적 소속이나 지위가 없음을 의미한다. 고립, 은둔과 비슷해 보일 수 있지만 이들은 고립, 은둔을 정의하는 중요한 개념인 **관계**에서 다른 양상을 보이기 때문에 구분된다. 학교나 직장에 소속되어 있지 않고 시험이나 자격증을 준비하는 등 어떤 사회적 훈련을 받지 않는다 하더라도, 친구나 동호회 사람들과 취미 생활을 함께하거나 정기적으로 교류할 수 있기 때문이다. 물론 니트 중 일부는 은둔이나 고립 상태에 있을 수 있다.

쉽게 예상할 수 있듯이, 고립, 은둔, 니트 상태는 칼로 무를 자르듯 명료하게 구분하기 어렵다. 하지만 나 스스로나 내 주변 사람이 현재 어떤 상태에 있는지를 알기 위해서는 개념에 대한 이해가 필요하고, 이러한 객관적 파악을 통해 나 자신과 그들을 보다 효과적으로 도울 수 있다. 즉, 현 상태 파악에 따라 도움이 필요한 정도, 시급성, 지원 방법과 목표를 확인하고 설정할 수 있다.

예를 들어, 몇 년째 자신의 방이나 집에서 벗어나본 적이 없는 사람에게 '단기 자격증 취득 과정'이나 '취업 연계 인턴십 코스' 등은 손 내밀 수 없는 그림의 떡이 된다. 마찬가지로 구직 활동은 하지 않지만 여러 취미 활동을 하고 있고 비교적 활발한 또래 관계를 유지하는 사람에게 '대인관계 불안 극복 프로그램'이나 '관계성 향상 프로그램'과 같은 지원은 우선순위가 아닐 수 있다.

참고문헌

김기헌(2017). 『한국 청년 니트(NEET)의 정의와 결정요인』, 한국노동연구원.

김성아 외(2021). 『취약계층 청년 범위 및 지원에 관한 연구: 사회적 고립(은둔) 청년을 중심으로』, 한국보건사회연구원.

김성아 외(2022). 『고립, 은둔 청년 지원사업 모형개발 연구』, 한국보건사회연구원, p. 19.

김혜원 외(2021). 『은둔형 외톨이: 가족, 사회, 자신을 위한 희망안내서』, 학지사.

여인중(2005). 『은둔형 외톨이: 히키코모리』, 지혜문학.

오상빈(2019). 「은둔형 외톨이 가정방문 상담 프로그램 개발과 효과」, 목포대학교대학원 박사학위논문.

'나'라는 신대륙의 발견

내가 운영하는 고립·은둔 청년 프로그램에 참여하기 위해서는 신청자가 우선 온라인으로 간단한 지원서를 제출해야 한다. 이후 면담을 통해 몇 가지 상황을 확인하고 최종 등록 여부가 결정된다. 일종의 면접이지만 나는 **면담**이나 **만남**이라는 용어를 많이 사용한다. 그들을 평가하고 심사하기보다 프로그램 등록에 대한 의사와 구체적으로 어떤 도움을 받고 싶은지 확인하는 것이 주 목적이기 때문이다.

개인상담의 경우는 내담자가 주로 호소하는 문제와 상담에 대한 의지만 확인하면 되지만, 고립·은둔이라는 경험을 해본 또래들과 함께 활동하기 위해서는 몇 가지 추가 확인이 필요하다. 대인 공포나 불안이 심한지, 공격성이나 분노 정도가 높은지, 타인과의 의사소통이 어느 정도 가능한지 등에 대해서이다. 지원하는 대부분의 청년들은 적지 않은 기간 동안 사회와 격리되어 있었고, 자신이 사회로부터 멀어져 **부적절한(!) 행성처럼 떠돌고 있다는 인식**이 크다. 그리고 하나같이 '자신만' 고립된 생활을 했다고 여겨 자신이 '가장 문제 있는 사람'이라는 생각에 사로잡혀 있기도 하다. 이들과의 첫 만남에서 가장 많이 듣는 얘기도 이런 내용이다.

나처럼 이상한 사람

은둔 생활을 10년가량 했고 이제 30대에 접어들었다고 스스로를 소개한 서지원과의 첫 만남에서도 이런 이야기가 이어졌다. 지원은 프로그램의 세부 내용에 대해서는 크게 관심이 없고, 대신 내가 자신을 어떻게 보는지를 확인하고 싶어 했다. "저처럼 이상한 사람 처음 보셨죠?" "저처럼 한심한 사람 처음 보시죠?" 눈도 마주치지 않으면서 지원은 질문도 아니고 동의를 구하는 것도 아닌 한숨과도 같은 독백을 계속했다.

내가 이에 대해 또렷하게 동의하지 않자 지원의 자조적인 문장은 몇 번이고 반복됐다. 불안한 질문이 조금 잦아든 후 나는 물었다. "왜 그렇게 생각해요?" 그녀는 그제야 고개를 들고 나를 바라봤다. "당연하잖아요. 이 나이 먹도록 이렇게 은둔하고 있는 건 큰 문제죠. 정말 한심한 **문젯덩어리**죠." 그러고 지원은 다시 고개를 숙였다. 나는 사실 그대로의 대답을 해주었다.

"처음 보지 않아요. 내가 지난 몇 년 동안 만나온 청년들은 거의 비슷한 사람들이니까요. 그러니 처음이 아니죠. 그리고 문젯덩어리인지 아닌지는 아직 잘 모르겠어요. 지원 씨와 더 많이 만나고 얘기를 나눠봐야 알겠죠."

이것이 내가 대답할 수 있는 최선이었고 솔직한 마음이었다.

이런 만남에서 나는 지원과 같은 질문을 던지는 청년들을 섣불리 위로하거나 마음에 없는 긍정적 피드백을 할 생각이 없다. 그렇게 긴 세월 동안 스스로를 사회로부터 격리한 것에 비판을 할 생각은 더욱 없다. 한 개인과 삶을 공유하고 그 사람이 해온 무수한 경험과 그 경험들에서 가졌을 생각과 감정을 나누지 않는다면, 우리는 섣불리 그 사람의 '문제 여부'를 판단할 수 없다. 아니, 그 나눔으로도 그 사람을 조금 더 알 수 있을 뿐이지 우리에게는 타인의 문제 여부를 판단할 능력과 권한이 없다.

한정된 공간 속 단절된 관계 안에서만 자신의 과거-현재-미래를 들여다볼 때, 우리는 지원처럼 스스로를 '최고로 한

심한' 사람이라고 단정하기 쉽다. 그리고 이렇게 무기력하게 살고 있는 현재의 모습이 영원히 변하지 않을 자신의 전체인 것처럼 생각하기도 쉽다. 하지만 우리는 매우 **다면적이고 입체적이고 변동적인 존재**이다. 정말 한심하게 여겨질 영역이 있지만 꽤 괜찮은 부분도 있다. 아무것도 하기 싫어하는 나도 있지만 무언가를 하고 싶어 하는 나도 있다. 언제나 무기력한 것 같지만 때론 열정을 갖고 시도하고 싶은 마음이 들 때도 있다. 남과 비교하고 눈치 보는 나도 있지만 남보다 잘하고 싶고 남들로부터 인정받고 싶어 하는 나도 있다. 사회와 가족과 타인에 대한 열등감은, 다른 면에서 바라보면 나도 **그들의 세계에 끼고 싶다는 마음**이기도 하다. 그런데 이러한 다면적이고 입체적인 나에 대한 파악은 다양한 자극과 만남 속에서 풍성하게 확인할 수 있다. 여러 각도에서의 조명이 나의 이곳저곳을 비춰주고, 나의 다양한 특성들을 알게 해주기 때문이다. 그러면서 비로소 '아, 내가 이런 사람이구나.'라는 것을 조금씩 인식하게 된다.

결국 지원이 확인하고 싶었던 것은 '나만 고립·은둔의 상태에서 오랫동안 있었던 사람인가'에 대해서였다. 그리고 만일 나만 그런 게 아니라면 나만 한심한 것은 아니고, 따라서 최악의 상태가 아니니 어쩌면 **다시 시작할 수 있을지 모른다는 기대**를 하고 싶었기 때문이었을 것이다. 그래서 나는 지원이 스스로에 대해 내리는 진단과 평가에는 의도적으로라도 별 관심을 보이지 않았다. 대신 "매우 비슷한 사연들을 갖고 있는 사람들이 프로그램에 참여할 거예요."라고만 알려줬다. 이는 과장도 축소도 없는 내 경험에 따른 대답이다.

대화를 나누며 지원은 일단 안도하는 눈치였다. 그녀는 프로그램 내용이나 활동 시간, 강사 약력, 공간 구조 등에 대해 알고 싶은 것이 아니었다. 사실 이런 내용은 검색만으로 전부 알 수 있기 때문에, 지원은 운영진이 자신을 어떻게 바라볼지를 확인하고 싶어 면담에 참가했을 것이다. 이는 달리 말해 **이곳은 안전한 곳인가**에 대한 확인이기도 하다. 이곳에 오면 혹시 혼자만 광야에서 돌을 맞듯 비난받고 교정 대상으로 취급당하는 것은 아닌지 확인하고 싶은 것이다.

추하고 또한 아름다운

지원과 마찬가지로 내가 만난 대부분의 고립·은둔 청년들은 사람들이 자신을 어떻게 평가할지에 극도로 예민하다. 대부분 스스로를 부정적으로 보기 때문에 만나는 사람들 또한 자신을 부정적으로 평가할 거라고 예상하고 이를 확인하기 위해 촉각을 곤두세운다. 따라서 나는 고립·은둔 청년들을 만날 때 그들의 자책이나 후회에 동의하거나 능력을 평가하는 것에 매우 유의한다. 또한 그들의 사회적 역량을 키워주려는 노력 역시 섣불리 하지 않으려 한다. 아무리 그럴듯한 계획이라 해도 사회 참여를 준비하는 것은 이들의 두려움이 좀 더 해소된 후가 효과적이기 때문이다. 마찬가지로 '우리 사회가 더 이상 너희를 비난하지 않고 받아줄 테니 안심하고 새출발해보자.'라는 응원도 현실과는 거리가 먼 제안이라, 나는 하지 않는다. 우리 사회가 사회적 기술과 성취 능력이 큰 사람에게 호의적이며 그들에게 더 많은 기회를 제공한다는 것을 우리 모두는 잘 안다. 이런 모든 제안과 응원보다, 나는 청년들이 자신의 다양한 특성을 알고 그 특성 그대로 살아갈 수도 있다는 믿음을 가지도록 돕는다. 결국 **자신에 대한 믿음**이다.

나에 대한 믿음은 자신을 '총체적으로 훌륭한 사람'이라고 인식하는 것과는 거리가 멀다. 그저, 내가 참 **다양한 면을 지닌 존재**이고 그 면들 중에는 추한 부분도 많지만 **아름답고 귀한 면도 있다는 점을 아는 것**을 의미한다. 이렇게 나를 입체적으로 알기 위해서는 나 자신을 구체적으로 확인할 수 있는 기회가 필요하다. 그리고 그 확인은 나에게 위협적이지 않은 환경 속에서 자유롭게 시도할 수 있다. 나에 대해 비판적이지 않은 사람들 사이에서, 나에게 안전하다 여겨지는 시도들을 하며 탐색할 수 있다.

나에게도 괜찮은 구석이 있다는 발견. 우리 모두에게도 그렇지만 고립·은둔 청년들에게 이는 어쩌면 신대륙 발견만큼이나 경이로운 일인지 모른다. 자신이 추하고 부끄럽다는 생각에 사로잡혀 있던 그들이 나에게 그렇지 않은 부분도 있다는 사실을 깨닫는 것은 이 세상에 다른 대륙과 대양이 존재한다는 것만큼 충격적인 사실일 수 있다. 그렇지만 내게도 괜찮은 구석이 있다는 발견을 하면서, 동시에 내 안에 어떤 추하고 부끄러운 부분이 많은지도 꺼내 볼 수 있어야 한다. 우리 모두에게도 그렇지만 고립·은둔 청년들에게 이 과정은 가장 어려운 작업이다. 꽁꽁 감춰두었던 자신의 내면을 확인해야 하는 고된 일이기 때문이다.

첫 만남 이후 지원은 상담과 프로그램에 비교적 성실하게 참가했다. 하지만 '나만 문제다'라는 생각을 꽤 오랫동안 고수했다. 나는 이 생각을 직접적으로 설득하려 하지 않았다. 설득은 상대의 방어를 유도하기 쉽고, 나의 설득이 지원에게 자신이 얼마나 못났는지를 더욱 집요하게 보여주는 계기가 될 수 있기 때문이다. 대신, 나는 지원이 그토록 집착하고 때론 증명하려 애쓰는 '부족하고 못난 부분'이 실제로 지원의 또렷한 특성이라는 점을 인정했다. 나도 잘 알고 잘 보인다고 수긍했다. 실제로 그랬다. 하지만 나는 그 점 외의 다른 특성들에 관심이 있고 그 부분들을 좀 살펴보고 싶다고 말했다. 거울을 통해 앞면만 보아온 지원에게 이제까지 보지 못했던 뒷면도 있음을 알리려 했다. 우리는 앞이마는 납작하지만 뒤통수는 봉긋하니 예쁠 수 있고, 피부는 맘에 들지 않지만 어깨에서 찰랑거리는 숱 많고 윤기 나는 머릿결이 탐스럽고 멋질 수 있다. 하지만 우리는 평생 납작한 앞이마와 피부 때문에 전체의 내 모습에 관심조차 주지 않고 '못난 나'로 단정하고 살곤 한다.

지원은 고맙게도 천천히 그리고 성실하게 노력했다. 획기적인 인식의 변화가 나타난 것은 아니지만 나와 운영진, 특히 개인상담을 맡은 상담자는 지원이 바뀌기를 오랫동안 기다리며 기회를 제공했다. 여러 프로그램에 참여하는 동안 지원의 입에서 서서히 처음의 표현이 줄어드는 것이 눈에 띄었다. '나만 못났다. 나만 정말 게으르고 한심하다.' 같은 문장들이다. 그렇게 1년 반 정도 만남이 이어진 뒤 지원은 과정을 마무리했다.

지원과 대화를 나누며 내가 물었다. 처음 했던 질문들에 대한 내 대답이 여전히 궁금한지를. 지원은 멋쩍게 웃으며 말했다.

"아뇨. 교수님이 말씀하신 것처럼 저만 그런 건 아니라는 걸 여기 다니며 알았어요. 그렇게 나와 비슷한 사람들이 있다는 걸 안 것만으로도 생각이 달라지더라고요."

견고한 콘크리트에 조금 틈이 보였다. 이제 시작이다. 이제부터 지원은 부지런히 자신의 앞이마 뒤통수 앞면 옆면의 **자신을 총체적으로 보아야** 한다. 나와 운영진이 그랬던 것처럼 주변 사람들이 지원을 도울 수도 있겠지만, 그 자신이 그 일을 꾸준히 해야 한다. 그 과정에서 신대륙을 발견하듯 몰랐던 자신을 알아가는 경이로운 경험을 하게 될 것이다. 그 과정은 때로는 희열이고 때로는 절망이겠지만, 원래부터 존재했던 대륙의 실제 모습을 왜곡 없이 바라보고 받아들임으로써 점차 **나에 대한 믿음과 주인 의식**을 갖게 될 것이다. 지원과 헤어지며 나는 그 여정에 오르는 그녀를 깊이 응원했다.

이런 선물 처음 받아봐요

"얼마 전까지 정신병원에 입원해 있었어요. 강제 입원이었는데, 전화 시간마다 집에 전화해서 퇴원시켜달라고 애원했어요. 정말 매번 애걸복걸했어요."

고등학교 졸업반, 열여덟 살의 수혁은 말했다. 하얀 피부에 맑은 눈동자가 인상적이었다. 상담자의 모든 질문에 성실하게 답하려 애썼고 대화 내내 타인을 배려하는 모습 또한 보기 좋았다. 그런데 이런 따뜻한 태도 뒤에 숨겨진 사연은 가슴 아픈 것투성이였다.

고통을 피하는 방법

수혁이 강제 입원한 것은 자해가 계속되고 이런 행동이 지속되면서 자살 시도 위험도 커졌기 때문이었다. 초등학교 때 부모가 이혼하며 엄마는 수혁이를 외할머니에게 맡겼다. 외할머니는 식당 일을 하며 어려운 형편 속에서 수혁이를 돌봤지만, 그나마도 사고를 당하고 건강이 나빠져 더 이상 수혁이를 돌볼 수 없었다. 이에 수혁은 외할머니와 함께 이모집으로 삶의 자리를 옮겨야 했고 현재는 이모가 주 양육자처럼 수혁을 돌보고 있었다. 하지만 이모네도 경제 상황은 좋지 않았다. 이모 부부가 운영하는 작은 가게가 가족의 소득원이었는데, 부양해야 하는 가족은 나이 많고 병약한 외할머니, 선천적 장애를 지닌 사촌 누나 포함 세 명의 자녀들까지 모두 여덟 식구나 되었다. 이혼 후 연락을 끊었던 엄마와 최근 연락이 되긴 했지만, 그나마 소식도 모르고 사는 아빠와 마찬가지로 엄마 또한 수혁에게는 '상처만 주는 사람'이었다.

이렇게 삶의 자리가 바뀌면서 수혁이는 여러 번 이사와 전학을 해야 했고, 매번 먼 거리를 옮기면서 이전 동네와 학교를 다시 찾기 어려워졌다. 그때마다 수혁이는 낯설고 외로운 환경을 혼자 오롯이 견뎌야 했다. 이와 함께 수혁이를 괴롭힌 것이 있었는데, 이는 어린 나이에 겪었어도 수혁이 또렷이 기억하는 부모 사이의 폭력이었다. 아빠와 엄마가 격하게 뱉어내는 무시무시한 폭언과, 예측할 수 없는 순간 일어나는 신체적 폭력을 수혁이는 기억하고 있었다. 그 앞에서 아무것도 하지 못하고 떨기만 하던 자신의 모습과 그때 느꼈던 공포도 꽤 분명히 기억하고 있었다. 가끔씩 그때의 장면들이 떠오를 때 수혁은 몸과 마음을 떨며 괴로워했다.

이처럼 사건 자체뿐 아니라 그 사건에서 떠올리고 느꼈던 생각과 감정을 간직한다는 것은 그것들이 해소되지 않았음을 보여준다. 즉, **과거 사건에서 경험했던 생각과 감정이 단지 눌려 있을 뿐 치유되지 않았음**을 의미한다. 이런 상태일 때 우리는 고통을 피하는 방법을 찾는데, 술, 게임, 섹스, 약물 탐닉과 같이 가장 만만한 대상인 자신을 괴롭히는 행동(수혁이의 경우에 자해 행동)을 주로 선택하게 된다.

이렇게 늘 외롭고 궁핍했던 수혁이 결정적으로 무너진 것은 학교에서 친구들에게 따돌림을 받기 시작했을 때였다. 새로 전학한 학교에서 만난 몇몇 친구들과 어울리며 그나마 위안을 받던 수혁이에게 친구와의 단절은 매우 버티기 힘든 경험이었다. 사소한 오해에서 시작하여 수혁이에 대한 헛소문이 퍼져나갔고 걷잡을 새 없이 수혁이는 학교에서 아무도 말을 걸지 않는 **공기 같은 존재**가 되어버렸다.

"가장 좋은 게 학교에서 친구들하고 어울리는 거였거든요. 그럴 때는 재밌고 별생각 없이 웃을 수 있었어요. 그런데 걔네들이 그렇게 싹 돌아설 줄 몰랐어요. 엄마도, 아빠도, 가족도, 그리고 친구도 다 나를 버린거죠……."

이때부터 조금씩 수혁의 자해가 심해졌고 이를 가족들이 알게 되면서 가족과의 충돌도 커져갔다. 방치하면 자살 위험 까지 있다는 의사의 소견에 따라 가족들은 수혁을 입원시키기 로 했다.

작은 '다행함'을 찾아서

퇴원 후 병결 처리된 학교로 다시 돌아갔지만, 수혁은 학 교에서도 방과 후에도 누구와도 관계를 맺지 않았다. 그러다 조카가 언제 다시 자해를 할지 몰라 시한폭탄을 안은 마음으 로 애태우던 이모가 우리 프로그램을 알고 문을 두드렸다. 고 된 삶의 무게에 눌릴 만도 한데 수혁을 위하는 이모의 마음은 헌신적이었다. 이모는 프로그램을 너무 늦게 알게 됐다고 안 타까워하며 제발 이 아이를 보듬어달라고, 우리나라에서는 어 디 보낼 곳이 없다고, 수혁이는 참 착하고 좋은 아이라고 열심히 설명했다. 상황이 아무리 딱하다 해도 나는 **청년 당사자의 의사**를 가장 중요한 참여 조건으로 보기 때문에, 이모의 간청을 들으면서도 수혁의 의사를 확인하지 않을 수 없었다.

다행히도 수혁은 이모의 말을 따르기로 했고, 자신도 다시 시작해보고 싶다고 했다. 직전의 병원 경험이 수혁이를 궁지로 몰았고, 수혁이는 어떤 거라도 병원보다는 낫겠다는 생각을 한 것 같았다. 그리고 이모와 가족들과의 관계 어디에도 온전히 자신이 수용받고 소속될 자리가 없다는 것을 분명히 느낀 듯했다.

> "이모네 식구가 저를 잘 대해주는 건 알아요. 하지만 사실 이제 다 귀찮아요. 엄마, 아빠, 친구들도 다 나를 버린 건데, 그들이 신경써주는 게 무슨 의미가 있겠어요. 어쩌면 나는 또 다른 데로 보내질지도 모르고요. 그런데 제일 걱정되는 건, 내가 조금만 이상한 생각을 하면 또 병원에 보낼까 봐……. 정말 거긴 다시 가고 싶지 않아요."

사실 이렇게 수혁이가 자신의 감정을 우리에게 말하기까지도 오랜 시간이 걸렸다. 나와 운영진은 서두르지 않고 기다렸지만, 내심 마음의 문이 다시 닫힐까 봐 조바심이 생길 때도 많았다. 그 어떤 경우보다 고립·은둔 청년들을 도와주기 가장 어려운 때는 그들이 **무의미함을 호소**할 때이다(이는 다른 일반 내담자도 마찬가지다). '돌아보면 의미 있는 때도 있었을 거다'라는 설득도, '앞으로는 좋은 시간이 올 거다'라는 희망도 이들에게는 먼 나라 얘기일 수 있다. 이런 말보다는 '그럴 만하니 그렇게 느끼나 보다. 내가 다 알지는 못하지만 네가 무의미함을 느낄 만큼 삶이 힘들었나 보다'라며 그저 **그 시간을 함께 견뎌주는** 것이 필요하다. 이제 겨우 10대 말의 수혁이가 짧은 삶 굽이굽이에서 어떤 슬픔과 아픔을 억누르고 견뎌왔는지 나는 다 알 수 없다. 그저 '이제는 다 포기하고 싶을 만큼 힘들었나 보다'라고 **인정하며 곁을 지켜주는 것**, 그것이 내가 할 수 있고 해야 하는 일이었다.

군더더기 없는 감정

다행히도 수혁이는 몇 개의 활동을 시작으로 프로그램에 잘 참여했다. 언제나 시작 시간보다 일찍 도착했고 결석도 거의 하지 않았다. 고립·은둔 청년들의 특성상 일상이 무너진 경우가 많기 때문에, 정해진 시간에 기상해서 일정에 참여하고 몇 달간 꾸준히 약속을 지키는 것을 가장 힘들어한다. 그런 가운데 수혁이의 성실성은 정말 돋보이는 태도였다. 이런 점을 보며 우리는 수혁이가 여러 번 거처와 학교를 옮겨 다니면서도 그동안 어떻게 학생 신분을 유지해왔는지 이해할 수 있었다. 고유의 성실함, 쉽게 포기하지 않음, 그것이 수혁이의 강점이었다.

그리고 수혁이는 또래와 교류하는 걸 특히 좋아했다. 강사나 상담자 등 성인들과의 만남에도 성실히 참여했지만, 또래끼리 하는 만남이나 활동에서 그의 표정은 한결 밝았다. 그중 한두 명의 또래와 몇 번 함께 식사를 하는 등 만남이 이어지면서 수혁이는 점차 웃음이 많아졌다. 이런 모습을 보며, 전학 가서 적응이 힘들 때마다 이전 학교 친구들을 보러 먼 길을 오갔다는 수혁이의 보고가 기억났다. 수혁이는 누구보다 친구를 좋아하고 함께 시간 보내는 걸 즐거워하는 아이였다. 그런데 본인의 뜻과 상관없이 **나무가 뿌리째 뽑히듯** 옮겨 심어지는 경험들 속에서 힘든 감정을 추슬러야 했을 거다.

다양한 프로그램 속에서 특히 수혁이가 열심을 보인 것은 두 가지였다. 그해 진행된 프로그램 중에는 '나를 그리는 미술 수업'이 있었다. 국내 큰 대회에서 수상 경력이 여럿 있고 특히 상담심리 학위와 전문자격증을 가진 흔치 않은 이력의 강사분이 수업을 담당했다. 수혁은 미술 수업에서 특히 눈을 반짝였다. 자신은 대학에 가면 디자인을 전공하고 싶다고, 그림을 그릴 때 제일 머리가 맑아진다고, 그리고 그림을 통해 자신의 **힘**

들었던 시간들이 표현되는 것이 참 신기하다고 말했다. 이런 수혁이의 그림에는 독특한 점이 있었다. 탁월한 기교가 있다기보다는 어린아이처럼 꾸밈이 없다는 점이었다.

대부분 어린아이들은 슬픔을 느끼면 그 감정 그대로 '슬프다'고 말한다. 마찬가지로 행복을 느끼면 그 감정 그대로 '행복하다'고 말한다. 하지만 나이가 들고, 주변 반응을 살피고, 수용될지 아닐지를 신경쓰면서 점차 슬픔을 슬픔이라고, 행복을 행복이라고 표현하는 데 군더더기가 붙는다. 그래서 감정을 그대로 '느끼기'보다는 그 **감정을 '설명'**하는 경우가 많다. 우리는 이런 군더더기로 언어뿐 아니라, 노래, 그림, 동작들에서도 아이다움과 어른다움을 구분한다. 수혁이는 그림을 통해 어린아이처럼 감정을 표현하는 듯했다. 수혁이의 그림을 보며 우리 모두 '참 슬펐다, 참 기뻤다'를 고스란히 전달받을 수 있었기 때문이다. 언어로는 잘 드러내지 못하는 자신의 감정을 수혁이는 그렇게 색으로, 면으로 말하고 있었다.

수혁은 또한 개인상담에 진심이었다. 고립·은둔 프로그램에 참여하는 청년들은 원하는 경우 전문상담사를 배정받고 개인상담을 받게 된다. 개인상담을 원치 않거나 이미 외부에서 받고 있는 경우를 제외하고 대부분의 참가자는 꽤 긴 기간 동안 상담을 받는다. 담당 상담사는 지원 과정에서 파악한 각 참가자의 특성에 맞춰 배정된다. 수혁은 따뜻하면서도 씩씩한

누나 같은 상담사와 만남을 시작했다. 상담 회기가 거듭되면서 수혁의 표정은 한결 밝아졌다. "상담 어때?"라는 질문에는 씩 웃으며 엄지손가락을 치켜세우기도 했다.

상담사는 긴 통근 거리를 오가며 일주일에 한 번씩 열심히 수혁과 만남을 이어갔다. 수혁이 프로그램에 참여한 7개월여의 시간 동안, 30회기에 달하는 장기 상담이 이어졌다. 일반적으로 고립·은둔 청년들의 변화는 매우 더디고, 마음먹는 대로 사회 복귀가 이뤄지지 않기 때문에 이들에 대한 지원은 보통 장기전이 된다. 하지만 여러 여건상 활동 지원이나 상담 제공이 길게 이뤄지지 못하는 경우가 많은데, 다행히도 수혁이의 경우 상담자의 헌신과 수혁이의 성실함이 합해져 꽤 긴 시간동안 만남이 이어졌다.

변하고 싶다는 진심

상담 종결을 앞둔 시점, 상담자가 눈물을 글썽이며 내게 말했다. 수혁과의 상담이 자신에게도 참 의미 있었는데, 오늘은 더 그렇다고. 얘기를 들어보니 상담자가 수혁이에게 작은 선물을 준비한 모양이다. 비싸지 않은 작은 지갑이었는데, 선물을 받은 수혁이 아무 말도 없이 자신을 한참을 바라보았다고 한다. 그러다 수혁이의 눈에서 주르륵 눈물이 흘렀고 상담자는 당황해서 물었다.

"왜? 맘에 안 들면 말해도 돼."

수혁이는 말했다.

"저 사실 지갑 갖고 싶었어요. 그리고 누구에게 이런 선물 처음 받아봐요."

들어보니 수혁이는 늘 가족 누군가가 쓰던 것을 써왔다고 한다. 수혁이가 이렇게 반응하니 상담자의 눈에서도 눈물이 흘러, 둘이 서로를 놀리며 눈물의 종결상담을 했다고 한다. 겨우 작고 소박한 지갑 하나, 그 작고 선물에 감동하는 수혁의 모습을 전해 들으며 그동안 수혁이가 경험했을 결핍과 외로움에 마음이 아팠다. 그리고 심한 자해를 하고 자살 생각까지 했던 수혁이가 작은 선물에도 눈물을 흘리는 말랑말랑한 감성의 청년으로 돌아온 것에 감사했다. 부모님도 나름의 사정이 있었겠지만 아이의 입장에서는 '버려졌다'고만 여겨지는 관계를 경험해온 수혁이의 마음속에, 이렇게 정을 나누고 **보살핌과 돌봄을 받고 싶은 마음**이 켜켜이 쌓여 있었던 거다.

누군가가 긴 기간 동안 쌓아온 두터운 마음의 벽을 발견하게 되면, 우리는 그 벽이 결코 무너지지 않을 거라거나 혹은 그 벽이 무너지기 위해서는 벽을 쌓아온 만큼의 긴 세월이 필요하다고 여긴다. 그럴 수도 있지만 때로 그 벽은 어떤 중요한 경험이 계기가 되어 비교적 짧은 시간에도 균열이 생길 수 있다. 그렇게 균열되고 무너지며 놀랍도록 두터웠던 벽도 어느새 과거의 것이 되기도 한다. 수혁이의 경우도, 꽁꽁 숨겨왔던 감정들을 표현하고 그것들이 **따뜻하게 어루만져지는 경험이 균열의 계기**가 된 듯하다. 이후 수혁이는 몇 개의 추가 프로그램에 참여하며 세상 속으로 더 깊이 걸어 들어갔다.

수혁이는 지금 대학 생활을 하고 있다. 집에서 거리도 가깝고 교육과정도 맘에 드는 디자인학과에 합격했다. 수혁이 본인도 기뻐했지만, 조카를 특별히 돌봤던 이모는 뛸 듯이 기뻐했다. 센터로 찾아와 연신 꾸벅꾸벅 감사 인사를 하는 이모를 보며 마음이 먹먹했다. 자기 자식도 알뜰히 챙기지 않는 부모가 많은 세상에 이렇게 조카에게 마음을 쏟는 분이 있구나. 그리고 안심이 됐다. 비록 한동안 수혁이가 세상에서 삐끗 벗어나 고립된 적이 있지만, 이런 분이 곁에 계시니 수혁이에게 **돌아올 베이스캠프가 있다는 생각**에서였다.

수혁이에게 그랬던 것처럼 나는 고립·은둔 청년들이 고립된 섬에서 사회로 혹은 가족에게로 다시 건너갈 수 있도록, 그들을 위해 **징검다리 역할**을 하기를 원한다. 그것이 늘 내가 이들을 돕는 목적이고 우리의 행위가 필요한 이유라고 믿는

다. 힘들고 지칠 때 우리가 돌아가 쉬고 싶은 곳은 결국 **온기가**
흐르는 사람 곁이다.

처음으로 나를
있는 그대로 보여준 곳이란 말이에요

"우리 프로그램을 확인하니 어땠어요?"

인사차 건넨 평범한 질문에 그는 이렇게 답했다.

"별거 없던데요."

뾰족하고 날카롭게 말하고 행동하는 사람이 있다. 가시처럼 따끔한 정도가 아니라 칼로 베듯이 말하고 그런 표정을 짓기도 한다. 당연히 한마디 한마디가 상대에게 상처를 남긴다. 문제는 그런 말과 행동이 타인에게만 상처를 내는 게 아니라 자신에게도 상처를 남긴다는 것이다(본인은 그렇지 않다고 부인하는 경우가 많지만).

최승찬이 그런 청년이었다. 20대 말에 나와 만나 30대를 맞이하며 1년 반을 지속적으로 만났다. 첫 면접에서부터 그의 날카로움이 눈에 들어왔다. 코로나19가 한창인 시기라 마스크를 쓰고 만났지만 눈에서 나오는 레이저가 소위 장난이 아니었다. 대부분의 경우 바라본다는 느낌은 거의 없고 째려본다는 표현이 어울렸다. 처음 보는 사람에게 특별히 그럴 이유가 없을 텐데도, 눈에 힘을 주고 있었다. 물론 태생적으로 그런 눈매를 타고났을 수도 있다. 하지만 말투와 어휘도 눈빛 못지않게 날카로웠다. 평범한 질문에도 못마땅하다는 듯이 짧게 답했고, 어떤 질문에는 "그걸 꼭 말해야 하나요? 왜 알고 싶으시죠?"라고 바로 날카로운 대답이 돌아왔다.

하지만 그럼에도 불구하고 면담이 이어진 이유가 있다. 그는 상대의 질문에 (어떤 식으로든) 다 대답을 했고 자신이 프로그램에 참여하고 싶은 의지가 크다는 것을 분명하게 말했다. 심지어 고개를 모로 돌린 채 "꼭 들어오고 싶어요."라고 표현했다. 물론 짧고 퉁명스럽게.

떼를 쓰는 어른

공격적인 사람을 프로그램에 합류시킬 때 내가 가장 유의하는 부분은 당연히 다른 구성원과의 부딪힘이다. 고립·은둔 청년 대부분이 사람에 대한 상처가 있고 대인 관계 두려움이 크기 때문에, 작고 사소한 공격도 이들에게는 위축의 시작이될 수 있다. 다행히 승찬은 프로그램에 들어와서 다른 이들과별다른 부딪힘이 없었고 오히려 고분고분한 태도로 전체 과정에 성실하게 참여했다. 집에서 센터까지 이동하는 데 1시간 반에서 2시간 정도 걸리는데도 한 번도 지각하지 않고 제시간에도착했다. 눈에 띄는 것은 활동 시간이나 오가는 시간에 누구와도 눈빛을 교환하거나 말을 나누지 않는다는 점이었다. 처음 면접 때 본 강한 눈빛을 내가 너무 과하게 인식했나라는 생각이 들 정도로 그는 조용하게 활동에 참여했다.

그런데 얼마 후 승찬의 다른 면이 나타났다. 나는 두세 달에 한 번 정도 참가 청년들과 만나는 자리를 만든다. 정례적으로 하는 것은 아니고 과정 중 그저 편안한 대화의 시간을 갖는것이다. 은툴이 청년들을 돕고자 시작한 프로그램인 만큼 우리의 노력이 과연 그들의 필요와 잘 닿아 있는지를 확인하고싶은 마음에서이다. 또한, 나는 '공급자'이고 그들은 '수혜자'가아니라, 그저 우리 모두 **인간으로서의 연약함과 갈등, 회의감, 그리고 그것들을 극복하려는 몸부림을 동일하게 경험**한다는사실을 공유하고 싶다는 생각에서도 이런 자리를 만든다.

이 시간에는 보통 피자나 치킨, 샌드위치 등 간단한 다과를 준비해서 먹으며 얘기를 나누거나 가까운 공원을 거닐기도한다. 승찬을 포함한 참가 청년들과 함께 이번에는 어디서 만날까를 우선 의논했다. 그때 조금 신기한 상황이 벌어졌다. 이제까지 조용히 활동에 참여하던 승찬이 갑자기 큰 소리로 적극적으로 의견을 낸 것이다. 꼭 야외로 나가고 싶고, 밖에서 몸을 움직이고 싶다고. 암벽 타기, 등산, 공원 달리기…… 승찬이가 꼭 하고 싶다고 주장하는 활동들이었다. 상상할 수 있겠지만, 이는 오랜 기간 몸을 움츠리고 자신을 사회로부터 격리시켜온 고립·은둔 청년이 가장 힘들어하는 활동들이다. 이들은 천천히 문을 열고 나가 햇볕을 쬐고 산책을 하는 것만으로도, 누가 볼까, 자신이 어떻게 보일까를 살피고 걱정하고 조심스러워한다. 그런데 암벽을 타자고? 남들 다 있는 대낮에 뛰자고? 무엇보다 오랜 기간 몸을 쓰지 않았기 때문에 은톨이들에게는 격한 운동이 벅차고 힘들다.

승찬의 주장에 다른 청년들은 눈만 끔뻑끔뻑, 대응조차 못 하고 있었다. 예의 날카로운 시선과 말이 승찬에게서 쏟아졌다. 왜 말을 안 하냐고, 내 말이 어떻게 들리냐고, 각자 원하는 걸 말하라고 하지 않았냐고, 뭐라도 의견을 내야 하는 거 아니냐고. 하지만 딱히 누군가를 겨냥해서 공격을 한다기보다는 마치 어린아이가 떼를 쓰듯이 **'정말 하고 싶은 일인데 좀 들어달라'**고 말하고 있었다. 사실 생각해보면 이런 활동은 혼자 하면 될 일들이다. 암벽 타기 강습에 참가하거나, 혼자 공원을 달리면 된다. 혼자 산을 올라도 되는 일이다. 그런데 승찬은 꼭 같이 하고 싶다고, 혼자서 할 수 있다는 가능성은 없는 것처럼 요구하고 있었다. 조율이 필요했다. 자기표현을 어려워하는 참가자들을 대변하며 내가 중재했고, 그 결과 공원에서 간식을 먹으며 얘기를 나누는 것으로 타협이 이뤄졌다. 승찬도 흥분을 가라앉히고 '햇볕 좋은 공원'에 대충 만족해했다.

내 마음을 드러내는 법

승찬이 타인에게 자신의 바람을 드러내는 방식이 너무나 거칠었지만, 신기하게도 나는 그에게서 공격성보다는 **외로움과 두려움**이 읽혔다. '하고 싶다. 그런데 혼자는 무섭다. 누군가와 함께면 할 수 있을 것 같다.' 마음을 솔직하게 그리고 부드럽게 말하면 될 텐데 승찬에게는 그런 방식이 힘들어 보였다.

우리는 살아가며 다양한 상황에서 다양한 방법으로 자신의 욕구를 표현한다. 어린아이일 때는 고함치고 길바닥에 누워 버둥거리며 떼를 쓰지만, 그런 방식이 결코 효과적이지 않다는 것을 알게 되면서 더 효율적인 방식을 찾는다. 그런데 상담 현장이나 고립·은둔 청년들과의 만남에서 종종 타인에게 자신이 무엇을 원하는지 효율적으로 말하는 방법을 몰라 쩔쩔매는 경우를 본다. 마치 그 방법을 배운 적도, 본 적도, 연습해

본 적도 없는 어린아이처럼 날것 그대로의 방법으로 표현해 문제를 일으키기도 한다.

우리가 자전거를 탈 수 있는 건 자전거 타는 방법을 배웠기 때문이다. 수영을 할 수 있는 건 수영하는 방법을 배웠기 때문이다. 영어, 수학, 과학의 원리를 깨우치는 것도 그것을 배우고 익혔기 때문이다. **자신의 감정을 알고 느끼고 표현하는 것도 배우고 익히고 모방하며 자신의 것이 된다.** 그리고 이런 배움은 혼자서는 결코 할 수 없는 것들이다. 영어, 수학, 과학은 혼자서도 공부할 수 있지만 대인 관계 기술은 의미 그대로 **관계 속에서만** 배울 수 있다. 타인이 필요하고 타인 속에서 가능하다. 그런데 많은 사람들은 이런 기술이 그냥 나이를 먹으면 저절로 익히게 되는 것이라고 생각한다. 나이를 먹었다고 해서 그냥 자전거를 탈 수 없고, 그냥 수영을 할 수 없다. 배워야 하고, 배움의 원리는 똑같다.

승찬이는 개인상담에도 성실하게 참여했다. 상담의 세밀한 내용은 비밀 보장 원칙 때문에 자세히 알 수 없었지만 수퍼비전●에서 얻은 일부 내용에 따르면, 승찬은 처음에는 저항적이고 마음의 문을 열지 않았지만 가족 안에서 경험한 힘든 얘기들을 차차 꺼내놓았다. 나는 승찬이 토로한 어려움을 상담자가 잘 만지고 회복시켜주길 믿고 기다렸다. 이렇게 큰 갈등 없이, 그러나 아슬아슬하게 과정을 이어가다가 승찬이 결국 갈등을 일으켰다. 그는 프로그램의 행정 처리 중 한 가지 규정을 두고 자신이 이해할 수 없는 사항이라고 따지기 시작했다.

물론 승찬의 시각에서 보면 아쉽고 불편했을 수 있지만 다수의 사람이 참여하는 프로그램인 만큼 정해진 원칙과 합의에 따라 진행해오던 규정이었다. 그런데 이에 크게 이의를 제기한 것이다. 행정 직원이 알기 쉽게 설명했지만 승찬의 언행은 점점 거칠어졌다. 목소리를 높인 건 아니지만 끊임없이 질문하고 따지고 전화를 했다. 처음 오리엔테이션 때 자신에게 충분히 설명해주지 않았다, 내가 합의한 게 아니다, 나는 모르고 참여했다…… 등 자신의 동의 없이 일이 진행되었다고 했다. 행정 직원들이 발신번호만 떠도 고개를 저을 정도로 그는 하루에 여러 번 전화를 했고, 같은 질문과 같은 문제 제기가 이어졌다. 조금이라도 무성의하게 응대하면 그가 더 거칠어질까 봐 직원들은 부드럽게 답하며 지쳐갔다. 라포가 꽤 형성된 상담자가 만나 구체적인 사항을 설명해도 승찬의 **떼쓰기**는 줄어들지 않았다. 야외 산책 때 주장하던 모습과 비슷하면서 규모

● 수퍼비전(supervision): 상담자가 내담자의 개인정보를 익명으로 하고 상위 상담자나 교수 등의 전문가에게 자신의 상담 사례에 대해 감독을 받거나 자문을 구하는 일.

만 더 커진 양상이었다.

　나는 이럴 때 처음 세운 원칙을 가능한 한 번복하지 않는다. 때로는 단호하게 원칙을 고수하고 이에 합의한 이상 지키도록 주장한다. 내가 만나는 청년들이 현재는 고립·은둔 상태에 있지만, 언젠가는 세상으로 나가 그곳에서 **다양한 사람들과 정해진 약속과 규칙을 지켜내며 함께** 살아가야 하기 때문이다. 센터는 좋은 연습의 장이기는 하지만 그들이 영원히 머무를 곳이 아니고, 이곳에서 받아들여지는 대로 세상에서도 이들이 무한대로 허용되지는 않을 것이기 때문이다.

　승찬은 결국 우리의 반응을 납득하거나 수용하지 못하고, 구성원들이 자기를 무시했다고 주장하며 프로그램을 떠났다. 고립·은둔 청년들을 만나며 가끔씩 이렇게 벽에 머리가 부딪히듯 답답할 때가 있다. 승찬의 경우에서도 은톨이들의 문제 해결 방식, 자신이 원하는 것을 어떻게 주장할지 모르는 미숙함을 보며 씁쓸함과 안타까움을 느꼈다.

　그렇게 승찬과의 기억을 아쉬움 속에 묻어둔 채 몇 년이 흘렀다. 그런데 예상치 않은 시공간에서 그를 다시 만났다. 고립·은둔 청년들을 위해 마련된 작은 행사장에서였다. 그들을 위한 행사이니 승찬이 참석한 것이 놀라운 일은 아니었다. 하지만 뜻밖의 만남이었기 때문에 놀라웠고 승찬도 놀라는 눈치였다. 나는 안부가 궁금해 행사 시작 전 차 한잔을 권했다. 건

조하게 안부 인사를 주고받는 가운데 승찬의 눈빛은 여전히 날카로웠다.

그러다 승찬이 지난번과 같은 주제에 대해 같은 요청을 해왔다. 참 놀라웠다. 생각해보면 그 사이에도 계속해서 따진다면 따질 수도 있었던 문제이다. 그런데 이렇게 만나기 전까지는 연락이 없다가 우연히 만난 자리에서 다시 자기주장을 하는 것이다. 자신의 바람을 말하고 싶은데 적절히 말하지 못하고 겨우 궁지에 몰려 낑낑 소리를 내며 표현하는, **상처 많고 두려움 많은 자기주장**······. 나는 그 모습을 지켜보았다. 승찬의 주장은 당시에도 들어줄 수 없는 요구였고 지금도 여전했다. 실랑이를 하지 않기 위해 조용히 내 의견을 낸 후 마지막으로 물었다.

"승찬 군에게 우리 프로그램 참여는 어떤 의미였나요? 그렇게 화가 나기만 하는 곳이었나요? 내가 볼 때 강사님들도, 행정실 선생님들도, 특히 상담 선생님이 정말 정성을 다 쏟으시던데, 승찬 군에게는 그게 아무것도 아니었나요?"

물론 나의 질문에는 아쉬움과 서운함이 묻어 있었다. 모두들 승찬의 변화를 위해 최선을 다했고 그에게 최대한 예의를 갖췄기 때문이다.

내 질문에 승찬은 한동안 테이블을 노려볼 뿐 대답이 없었다. 나는 대답 듣기를 포기하고 그의 건강을 기원하며 대화를 끝냈다. 이후 행사에 참여해 참석자들과 얘기를 나누느라 분주히 오갈 때, 승찬이 저쪽에서 빠르게 다가오는 게 보였다. 어이쿠, 이건 또 뭔가. 많은 사람들 앞에서 내가 곤란해지면 어쩌나…… . 정신을 가다듬을 새도 없이 승찬이 다가와 속사포처럼 말을 쏟아냈다.

"내가 언제 아무것도 아니라고 했어요? **거기는 처음으로 나를 있는 그대로 보여준 곳**이란 말이에요. **나도 고마운 건 아는 사람**이라고요!"

그는 그렇게 씩씩대며 말하고는 쌩 돌아서서 가버렸다. 심장이 쿵 떨어졌다. 가시가 가득 박힌 상자 속에 담긴 한줌 보드라운 진심. 나는 그렇게 **던져지듯 전달된** 그의 고마움을 받아들었다. 승찬의 진심을 들어서 좋았다. 그리고 동시에 슬펐다. 이렇게밖에 표현하지 못하는 청년이라니.

생각해보면 승찬은 우리와 만나는 동안 자신이 원하는 것을 여러 차례 표현했었다. 하지만 한결같이 일방적이었고 비효과적이었다. 앞서 말했듯 연령에 맞지 않는 떼쓰기가 대부분이었고, 그렇지 않으면 함구였다. 고립·은둔 청년을 포함해 우리들은 자기 생각이 잘 전달되지 않을 거라 생각하면 표현조차 하지 않는다. 그러나 생각해보자. 자전거에 몸을 싣고 비틀거리고 넘어지는 경험을 쌓아갈 때 우리는 자전거를 탈 수 있게 된다. 그 과정이 두려워 페달에 발조차 얹지 않는다면, 우리는 영영 자전거 타는 법을 배우지 못한다. 같은 이치로, 승찬의 **거칠고 미숙한 외마디들이 침묵과 함구보다 중요한 의미를** 갖는다. 비록 거칠고 미숙한 방법이었지만 시작했으니, 이제 어떻게 표현할지 고민하며 더 시도하면 된다.

승찬과의 인연은 거기까지였다. 아쉬움이 컸지만 부디 내가 운영하는 프로그램이 아닌 다른 곳에서라도, 보다 효과적으로 자신의 마음을 표현하고 주변 사람들과 따뜻한 마음을 교환하며 살아갈 수 있기를 기원했다. 다만, 그런 기회가 그리 자주 오지는 않는다는 것을 승찬이가 인식하길 바랐다. 내 말에 귀 기울여주고, 내 거친 표현에 담긴 따스함을 정성껏 해석해주는 사람을 만나는 것은 행운이다. 그 행운을 우리는 놓치지 말아야 한다. 관계 속에서 우리는 비틀거리며 자전거 타기를 배우고, 너와 나 모두에게 상처주지 않으며 의견을 전달하는 방법을 배우게 된다. 승찬이에게 그러한 배움의 기회가 더 많이 찾아오고 그가 그 기회들을 십분 활용할 수 있기를 진심으로 바랐다.

온몸으로 표현하는 나

30대 초반의 승훈은 눈빛이 인상적이었다. 처음 만나 꾸벅 인사하고 마주친 눈빛에는 많은 감정이 담겨 있는 듯했다. 걱정, 불안, 기대, 호기심⋯⋯. 많은 것이 궁금하고 묻고 싶은 눈이었다. 프로그램의 세부 사항들은 어떤지, 함께 참여하는 청년들은 누구인지, 사람들과 많이 교류하고 어울려야 하는지, 자신이 뭘 준비해야 하는지, 심지어 이런 프로그램을 어떻게 시작하게 되었는지도 물었다. 연이은 질문들에 나는 간단하지만 성의껏 대답했다. 그러면서 자연스레 나 또한 승훈이 궁금해졌다. 왜 이리 알고 싶은 게 많을까, 참여하기 전에 많은 걸 알고 싶어 하는 이 마음은 뭘까, 그리고 승훈은 어떤 삶을 살아온 사람일까. 승훈의 질문이 조금 잦아들어 '나도 승훈 군을 알고 싶다'고 하니 그가 배시시 웃었다. 얼굴에는 웃음을 띠었지만 의자 깊숙이 몸을 묻고 한동안 창밖만 바라보았다. 그래, 아직은 아니다. 서두를 필요가 없다, 나는 생각했다.

나 자신에 대한 물음표

그렇게 시작된 승훈과의 만남은 즐겁고 반가웠다. 차분하지만 밝고 경쾌하게 인사하며 들어오면, 그는 예의 많은 질문을 쏟아내곤 했다. 어떤 대답을 듣고는 깊이 생각에 잠기기도 하고, 때로는 '아, 그렇구나. 아, 그러네요……' 같은 감탄사를 쏟아내기도 했다. 대화 주제는 날씨, 음악, 음식, 여행 등 사소하지만 다양한 것들이었고 승훈은 많은 것들에 감탄하고 놀라워하며 대화를 생동감 있게 만들어줬다. 하지만 한 주제에 대해서만은 생동감이 사라졌다. 자신이 좋아하는 게 뭔지, 어떤 특성들(장점, 단점, 흥미, 적성 등)을 갖고 있는지, 어떤 삶을 살고 싶은지에 대한 얘기가 나오면 대화의 흐름이 갑작스레 끊어졌다. 승훈은 반짝이던 눈을 창밖에 고정하고 꽤 긴 시간 생각에 잠겼다. 그러고는 미간을 찌푸리며 말하곤 했다. "아무리 생각해도 정말 모르겠어요……."라고. 마치 큰 잘못을 저지른 사람처럼 몹시 미안해했다. '말하고 싶지 않아서'가 아니라 '내 자신을 몰라서 정말 미안하다'는 것이다. 나에게 미안할 일이 아닌데, 그렇게 자신에 대해 설명하기 힘들어하는 모습이 안타까웠다.

승훈은 상담과 프로그램에 성실하게 참여했지만, 간혹 활동 도중 장소를 벗어나 대기 공간에 혼자 앉아 있곤 했다. 그는 그때마다 프로그램 강사나 다른 참석자들에게 최대한 예의를 갖춰 양해를 구하고 강의실을 나왔다. 어디가 아픈지, 불편한 게 있는지 물으면 아니라고 손사래를 쳤다. 그냥 생각이 좀 복잡하다고, 자기는 원래 오랫동안 집중을 못 한다고 열심히 설명했다. 그리고 자신이 이렇게 물러나 있는 게 다른 사람들에게 피해가 되지 않을지 걱정하고 미안해했다.

나중에 알게 된 사실이지만 승훈이 그렇게 물러나와 생각에 잠길 때는 주로 '자신'에 대해 다루는 활동이 이뤄질 때였다. 활동에서 참가자들이 조금씩 자신의 삶에 대해 얘기하고 개방하는 것이 승훈에게는 벅차게 다가왔던 모양이다. 그럴 때마다 그는 나와의 대화에서 그랬던 것처럼 '말하고 싶지 않다'가 아니라 '정말 내가 어떤 사람인지 모르겠다'라는 마음이어서 답답하고 또 답답하다고 했다.

정신 못 차리고 춤판을 기웃거리는

승훈은 학벌 좋은 집안의 외동이었고 그런 집안 분위기에 따라 명문대 경영학과를 졸업했다. 그의 아버지는 우수한 능력과 성실함에 운까지 합쳐져 일찍이 큰 부를 이루었다. 문제는 애써 키운 사업과 재산을 아들에게 물려주고 싶은 아버지의 기대와 승훈의 흥미, 적성이 크게 동떨어져 있다는 점이었다.

"어릴 때부터 음악, 미술, 춤에 관심이 많았어요. 예술 작품을 접할 때면 하늘을 나는 듯한 기분을 느끼기도 했고요. 특히나 음악에 맞춰 몸을 움직이고 춤을 출 때는 모든 걸 잊을 정도로 빠져들었어요. 그런데 이런 것이 아버지한테는 비난거리였고, 아버지한테 저는 때로는 수치가 되기도 했어요. 아버지는 저한테 '정신 못 차리고 춤판을 기웃거리는 놈'이라고 하셨고요. 이런 일이 있을 때마다 아버지하고 최대한 안 부딪히려고 했고 아버지 뜻에 따르려고 정말 노력했어요. 사실 저한테는 아버지처럼 사업적인 재능이 없어요. 그래도 가능한 한 그런 걸 배워보려고 애썼어요."

아들 외에는 자신의 사업을 물려줄 대안이 없다고 여긴 아버지는 승훈의 학업과 진로에 깊이 관여했고, 결국 승훈은 아버지의 뜻에 따라 경영학과에 입학했다. 입학 후 "아무것도 알아듣지 못하겠는" 경영학과 공부를 하면서, 승훈은 "숨을 쉬기 위해" 춤 동아리 활동을 이어나갔다. 때로는 스스로 벌어 마련한 돈으로 춤과 관련된 연수에 참여하기도 하고 관련 모임에서 춤을 배우기도 했다. 물론 춤과 관련된 주제는 집안에서 엄격하게 비밀에 부쳐졌다. 그렇게 저렇게 대학을 졸업할 무렵, 아버지로부터 새로운 과제가 떨어졌다. 승훈이 대학원에 진학해 경영학을 더 공부하거나 유학을 가서 관련 학위를 취득하고 오길 원한 것이다. '가업을 잇는 것'에 대한 기대는 어머니를 비롯해 많은 친척들까지 가세한 압력이었고, 그들은 모두 아버지가 닦아놓은 그 좋은 토대를 왜 마다하냐며 승훈의 주저함을 이해하지 못했다. 그리고 소극적이고 감성적인 승훈의 특성을 못마땅해했다. 더 이상 버티기 힘들다고 여긴 승훈은 주저앉았다.

남의 삶을 사는 듯한 감정이 커져갔지만, 화인지, 슬픔인지, 자책인지, 미움인지…… 누구를 겨냥할 수 없는 부글거리는 감정과 뒤엉킨 혼란 속에서 승훈은 가라앉았다. 그리고 아무것도 하지 않는 5년여의 시간을 보냈다.

그 시간 동안 아버지의 질책은 극에 달했고 그럴수록 승훈은 더 구석진 곳을 찾으며 주저앉았다. 일부러가 아니라, 내가 누구인지 무엇을 해야 할지 어디로 가야 할지 전혀 모르는 기분에서 한 발도 뗄 수 없는 **무기력**으로 빠져들었다. 그런 가운데 승훈은 나와 만났다. 아버지가 조금 기대를 내려놓았고, 어머니가 눈물로 호소했고, 승훈이 용기를 내 도움을 요청한 노력이 합해져 세상으로 한 발을 디딘 것이다.

몇 개의 프로그램에 참여하면서 승훈은 자신이 무엇을 좋아하고 무엇을 싫어하는지를 좀 더 구체적으로 알고 표현하기 위해 노력했다. **오랜 시간 자신이 부정당하고 스스로 부정하는 가운데 만들어진 '뒤엉킨 자아상'을 되짚어가며** 승훈 자신을 찾아가려 했다. 하지만 과정은 쉽지 않았다. 승훈의 무기력은 오랜 동안의 상처, 두려움, 포기, 희망이 뒤범벅된 '어쩔 수 없음'이었을 텐데, 엉킨 실타래 같은 이 상태를 어디서부터 풀어가야 할지 그도 나도 자주 답답해했다. 자신의 흥미와 적성이 또렷했지만 그걸 주장하고 살기엔 그에게 너무 큰 용기가 필요했다. 또한, 이후 따라올 수 있는 위험 부담, 비난, 자책을 별거 아니라고 무시하기엔 현실적인 어려움이 크다는 것을 그도 나도 잘 알고 있었다.

하지만 승훈은 이번에는 분명하게 자신을 찾고 싶어 했다. 이를 위해 우선 자신의 흥미와 적성을 또렷하게 인식하고 그것들을 부인하지 않고 지속적으로 마주하는 것이 필요하다는 걸 인정했다. 그리고 승훈은 이러한 노력이 자신이 겪었던 혹독한 무기력의 늪에 다시 빠지지 않는 길이라는 걸 받아들였다.

믿는 곳에서의 움직임

이런 가운데 1박 2일로 캠프를 떠났다. 5월의 청명한 날씨와 아름다운 자연 속에서 청년들은 웃고 떠들고 음식을 나눴다. 저녁 시간에는 작은 공연판이 펼쳐졌다. 공연판이라고는 하지만 참가자들의 특성상 호들갑스럽고 거창한 공연이 아닌, 그저 모닥불을 중심으로 옹기종기 모여 음악을 즐겼다. 스피커로 퍼지는 잔잔한 음악을 감상하기도 하고, 아는 노래가 나오면 속삭임 같은 작은 떼창이 이어지기도 했다. 흥 많은 몇몇은 흔들리는 봄꽃처럼 음악에 맞춰 몸동작을 하기도 했다. 별빛 쏟아지는 초여름 밤의 낭만이 무르익어가는 가운데 사회자가 물었다. 나와서 노래나 춤 보여주고 싶은 분 없냐고.

그때 내 옆에 앉아 있던 승훈이 꿈틀했다. 아까부터 앉은 자세로 음악에 맞춰 몸을 흔드는 그를 보며, 나는 그가 춤추고 싶은 마음을 누르고 있는 것을 느낄 수 있었다. 승훈은 나와 눈이 마주쳤고 나는 권했다. 나가보라고. **해보라고.** 쭈뼛거리며 승훈이 손을 들었고 그는 중앙에 섰다. 전혀 준비 없이 와서 연습된 건 아니지만 혹시 곡을 틀어주면 한번 맞춰보겠다고 승훈은 음악을 요청했다. 그리고 승훈의 춤사위가 시작됐다.

장담컨대 나는 이전까지 그와 같은 춤을 결코 본 적이 없다. 잔잔하다 격해지고 고요하다 요동치며, 그의 온몸이 움직였다. 상체가 움직이는 듯하다 하체가 따라갔고, 손가락 끝에 힘이 모이다 어느 새 발끝이 올라갔다. 허공을 향하던 그의 눈을 따라가다 보면, 어느새 스르르 힘을 빼고 바닥으로 가라앉는 등에 시선이 닿았다. 그렇게 한참 전부터 하나였던 것처럼 그의 동작 하나하나가 음정과 가락에 합해졌다. 눈을 뗄 수 없는 몇 분이 흘렀고 승훈의 얼굴이 땀에 흠뻑 젖었다. 드디어 음악이 끝났고, 여운을 느끼듯 눈을 감은 채 그가 동작을 멈췄다. 정적이 흘렀고 나를 포함한 모두가 박수조차 잊은 채 그의 마지막 몸짓에서 눈을 떼지 못했다. 이윽고 박수가 쏟아졌고 심지어 훌쩍훌쩍 우는 참가자도 보였다.

승훈의 감정이 조금 잦아들고 많은 참가자가 그에게 다가갔다. 감동적이었다고, 왠지 모르지만 뭉클했다고, 그전까지 서로 크게 말을 섞지 않던 참가자도 승훈에게 다가가 춤이 정말 특별했다고 말을 걸었다. 승훈은 계속 얼떨떨해했다. "내가 뭘 했는지 잘 모르겠어요. 그냥 음악에 맞춰 느낀 대로 움직였어요." 그는 말했다.

승훈이 표현한 것은 뭘까. 사람들을 눈물짓게 만든 승훈의 춤에 어떤 힘이 있던 걸까. 나는 승훈의 사연을 잘 알고 있기 때문에 그가 몸으로 말하는 것이 어떤 의미인지 알기에 감동을 받은 것일지 모른다. 하지만 그런 내용을 전혀 모르는 다른 참가자들이 느낀 감동은 무엇일까. 그날 밤 내내 아른거리는 승훈의 춤사위를 떠올리며 생각이 이어졌다. 그리고 깨달았다. 그가 **몸으로 말을 한** 것이라고. 그의 몸은 이렇게 말하는 듯했다.

'나는 참 힘들었어요. 나는 내가 누구인지 몰라 정말 혼란스러웠어요. 그런데 나도 어쩔 수 없었어요. 나는 이런 사람인데, 나대로 살 수 없다는 사실이 나는 정말 슬퍼요……'

소리 없는 그 말들이 손과 어깨와 허리와 다리로 표현되었고, 우리는 그의 고통과 슬픔을 전달받으며 공감했다. 사연을 몰라도 전달받는 감정. 그는 그것을 몸으로 표현할 수 있는 능력자이기도 했다.

오랫동안 '춤추는 자아'를 부정당하던 승훈이 이렇게 자유롭게 몸을 움직일 수 있었던 것은, 나와 비슷한 경험을 한 사람들 그리고 자신을 믿어주는 사람들과 함께 있다는 편안함 때문이었을 거다. 관계를 맺는 데 서툴고 자신을 드러내는 데 두려움이 큰 고립·은둔 청년들에게 이러한 믿음은 절대적으로 중요하다. 따라서 이러한 믿음을 제공하고 그 위에서 자신을 표현해보게 하는 교류의 장은 이들에게 경험을 통한 생생한 자신감을 제공해준다는 점에서 의미가 크다.

춤사위 후 그리고 이후 상담 시간 동안 찬찬히 나눈 대화 속에서 승훈은 오랫동안 얼떨떨해했다.

> "내가 어떻게 사람들 앞에서 준비도 안 된 춤을 췄는지
> 모르겠어요. 내가 뭘 어떻게 췄는지도 생각 안 나고요.
> 무엇보다, 왜 여러 사람들이 그렇게 멋있다고 말하는지
> 정말 이해가 안 되고 신기했어요. 하지만 정말 그날 그렇게
> 땀을 뻘뻘 흘리고 사람들이 환호해주는 걸 경험하고 나서
> 이상하게 편안해졌어요. 뭔가 큰 소리로 '야호!' 소리를 질러
> 가슴 속이 뻥 뚫린 것 같은 기분이랄까……."

나는 승훈의 창의적이고 폭발적인 표현 방식이 우리가 '예술'이라 칭하는 영역에 속한다고 생각한다. 그는 부지불식 간에 몸을 움직였다지만 거기에 자신의 감정을 담을 수 있었고, 표현된 감정을 전달받은 우리는 감동을 느꼈다. 그것이 예술이 아니고 무엇인가. 이렇게 승훈은 자신도 부인할 수 없는 예술적 적성이 있었고, 그것을 즐길 때 자신다워진다는 걸 그날 확인한 것 같다. 또한 그러한 자신의 특성이 타인들과 소통하는 데 중요한 수단이 될 수도 있다는 사실도 덤으로 알게 된

듯하다.

승훈은 요즘 타협 중이다. 가정 환경, 아버지의 기대, 자신의 적성과 재능 사이, 여러 조건을 조율하며 가장 좋은 타협점이 무엇일지 고민 중이라고 한다. 상황은 달라지지 않았지만 그 상황 속에서 살아가는 승훈은 달라졌다. '없는 것들'에 대한 자책과 자기 비난에 짓눌렸던 그가, 조금씩 자신에게 **'있는 것들'에 감사를** 느낀다고 했다.

"이제까지 내게 맞지 않고 할 수 없다고 두려워만 했던
일들을 시도라도 해보려고요. 그렇게 해보고도 아니라고
판단되면 그때 그만두면 되겠죠. 그동안 너무 해보지도 않고
피한 것 같아요."

나는 안다. 이러한 시도를 하는 데 그가 자신과 얼마나 오랫동안 싸워왔는지, 그리고 지금 얼마나 큰 용기를 내고 있는지를. 갇힌 마음에서 나와 자신만의 언어로, 몸으로, 춤으로, 세상에 말을 건 승훈은 전과 같은 사람이 아니었다.

전과 같지 않은 자신이 될 수 있는 용기, 자신에 대한 믿음이 어쩌면 고립·은둔 문제를 풀어나가는 큰 열쇠일 것이다.

믿음과 믿어짐

지금은 하고 있지 않지만, 처음 고립·은둔 청년들을 돕기 위한 프로그램을 진행할 때는 일종의 설명회를 했다. 지금과 달리 우리 사회에 고립·은둔 청년에 대한 인식이 거의 없었고 더욱이 그들을 돕는 기관과 프로그램이 있다는 것을 아는 사람이 거의 없었기 때문에, 설명의 자리가 있으면 좋겠다는 판단에 서였다. 일정을 정해 온라인 홍보를 하고 정례적으로 몇 번의 설명회를 열었다. 그중 한 날에 준우를 만났다. 함께 온 어머니는 아들을 고등학교 2학년이라고 소개했다. 어머니도 키가 큰 편이었고, 준우도 키와 덩치가 엄청 커서 어디가도 눈에 띄겠다 싶은 청소년이었다.

설명을 마치고 질문이 이어졌고 어머니가 몇 가지 궁금한

점을 질문했다. 이때 작은 문제가 생겼다. 질문에 대답하던 운영진 한 분이 사용한 단어가 어머니의 심사를 건드린 모양이다. 정확하게는 기억나지 않지만 어머니의 귀에는 그 단어가 학교에서 힘들어하는 학생들을 충분히 이해하지 못하는 발언처럼 느껴진 모양이다. 다른 모든 참가자들은 고요하게 설명회에 집중하며 기관과 프로그램의 취지에 공감하고 그 단어나 설명을 불편하게 여기지 않는 눈치였는데, 준우 어머니의 언성이 높아졌고 벌떡 일어나 눈물까지 글썽였다. 우리의 말이 어떤 상처를 건드린 듯했다. 그 의미를 추궁하는 어머니와 그런 뜻이 아니었지만 오해 소지가 있었음을 사과하는 운영진의 대화가 오갔고, 설명회는 그렇게 다소 어수선하게 끝났다. 끝난 후 어머니는 우리에게 다가와 자기가 좀 흥분했었다, 사실 내가 평소에 힘들어했던 점 때문에 그랬다 등 먼저 사과의 뜻을 전했다. 몇 가지 추가로 궁금한 사항에 대해 얘기를 나누고, 다행히 어머니는 평화로운 표정으로 준우와 함께 집으로 돌아갔다.

미세한 흔들림 사이

하지만 좀 더 자세히 돌이켜보면, 그 시간은 고립·은둔 청년들에게 도움을 주고 싶은 마음이 가득해 애써 설명회를 준비했던 운영진에게는 진땀 나는 순간이었다. 그리고 그때, 어머니와 함께 온 준우가 눈길 갈 만한 행동을 했던 것이 기억에 남았다.

준우는 처음 장소에 들어섰을 때부터 별말이 없었고 눈을 바로 맞추지 않았다. 프로그램의 취지와 과정에 대해 설명을 들으면서도 준우는 고요했다. 어머니와 나란히 앉아 있긴 했지만, 듣는지 안 듣는지 고개를 사선으로 두고 거의 무덤덤한 표정으로 말없이 있었다. 고립이나 은둔, 혹은 교우 문제가 심각해진 사람들이 주 대상자인 프로그램의 특성상, 부모에게 끌려오는 청소년이나 청년들을 나는 숱하게 만나곤 한다. 준우도 딱 그런 표정, 그런 어깨, 그런 손동작으로, 마치 '나는 여기 없는 사람이다'라는 듯 존재를 부정하고 싶어 하는 모습으로 앉아 있었다. 그런데 준우에게 술렁, 변화가 일어났다. 발표자에게 목소리를 높이며 어머니가 발끈 일어나자, 준우가 빠르게 어머니를 올려다보았다. 그리고 이제까지와 달리 얼굴에 분명한 표정이 나타났다. 당혹스러움 그리고 몇 초간의 망설임……. 그러더니 빠르게 일어나 어머니의 어깨를 감싸고 '엄마도 참……'이라며 부드러운 목소리로 자리에 앉도록 권했다. 목소리와 행동은 부드러웠지만 행동은 단호했다. 어머니는 아들의 권유에 목소리를 낮추고 자리에 앉았다. 생각해보면 어머니가 흥분을 가라앉히고 이성을 찾은 것은 발표자의 사과 때문이 아니라 준우의 부드럽고 분명한 권유 때문이었던 것 같다.

센터에 들어선 이후 내내 무심했던 그의 언행과 달리 그 순간 준우의 모습은 마치 다른 사람 같았다. 또한, 어른들의 대화에 잘 끼어들지 않는 청소년들의 일반적인 모습과 달리 준우는 분명하게 그 속으로 들어왔고 흐름을 바꿔놓았다. 짧은 시간 드러난 행동이라 속내를 자세히 알 수는 없었지만, 준우는 어머니의 행동을 부끄러워하거나 혼내는 것이 아니라 오히려 그녀의 눈물과 격앙된 감정을 따뜻하게 달래고 싶어 하는 눈치였다. 마치 '그래요, 엄마의 아픔 내가 잘 알아요. 알고말고요. 그러니 그만하셔도 돼요.'라고 말하는 듯했다.

그렇게 잊었었다. 그런데 다음 해 준우가 다시 한 번 설명회에 참석했다. 여전히 조용히 끝까지 자리를 지킨 후, 별 질문 없이 프로그램 등록 의사를 밝혔다. 다시 센터를 찾은 이유를 묻자 준우는 이렇게 답했다.

"설명회에 처음 왔을 때는 고2 때, 가장 힘든 시기였어요. 고등학교는 마치고 싶어 1년 동안 학교에 다닌 후 졸업하고 온 거예요."

학교를 지속적으로 다녔다는 점을 볼 때 준우는 완전한

은둔보다는 사회적 관계를 끊고 고립 상태에 있었던 것으로 보였다. 설명회 때의 표정과 인상으로는 준우가 다시 올 거라고 생각하기는 어려웠다. 그저 부모에게 끌려온 아들, '나는 아무런 기대도 없다'라는 인상이었기 때문이다. 그런데 1년 후 나타난 이 친구는 의외로 자기는 이 프로그램에 참가하고 싶었다고 말했다. 처음 설명회에 온 것도 인터넷에서 검색을 하다 프로그램을 발견하고 '내가 도움 받을 수 있겠다'라는 생각에 어머니에게 얘기해서 함께 온 거였단다. 우리가 일으킨 작은 날갯짓이 이 친구에게 닿았는데 우리는 그 미묘한 변화를 눈치채지 못했던 거다.

어려웠던 시절에 대한 준우의 이야기는 이랬다.

"초, 중학교 내내 친구들과 지내기가 힘들었어요. 친구들은 계속 괴롭혔고요. 맞고 뺏기고 억울한 소리 듣고……
오랫동안 시달렸어요. 저는 덩치는 크지만 조용히
넘어가는 성격이고, 그게 학교폭력 가해자들에게는 좋은
먹잇감이었어요."

그렇게 헤어나지 못하는 괴로운 시간이 이어졌다. 들어보니 준우가 겪은 학교폭력의 수위는 매우 높았고, 처음에는 저항하고 대항했지만 갈수록 체념하며 가능한 한 덜 부딪히려 애를 썼다. 그런데도 성적은 상위권을 유지했고 준우는 자신이 원하는 대로 이전 학교와 조금 떨어진 자립형 사립고에 들어갈 수 있었다.

"초등학교, 중학교를 다니던 익숙한 데를 떠나 새롭게 시작하고 싶어서 열심히 준비했어요. 그런데 그 학교 공부량이 엄청났고 수업 분위기 때문에도 기가 죽었어요. 기초가 단단히 되어 있는 것도 아니고 도움 받기에는 집안 사정도 어려워서……. 갑자기 상황이 바뀌니까 따라가기가 벅찼어요. 괴롭히는 애들은 없어졌지만, 저는 잘하는 게 없는 그냥 한심한 애였어요. 그리고 학교에서 처음 들은 말이 '그냥 엎드려 자라'였어요. 그래서 모르는 것이 쌓여갈 때마다 그냥 엎드려 있는 것밖에 할 수 있는 게 없었어요."

초, 중학교 때부터 학교폭력에 시달렸던 아이가 공부의 끈을 놓지 않고 상위권을 유지했다는 건 매우 놀라운 일이다. 그가 말하듯 집안 형편 때문에 사교육을 받기도 어려웠던 환경 속에서 준우 홀로 공부해 성적을 유지한 점은 더욱 놀랍다. 어쩌면 준우에게는 공부에 대한 몰입이 유일하게 학교에서 마음 붙일 수 있는 일이었고, 재학 중인 학교에서 벗어나 멀리 있는 다른 학교로 갈 수 있는 최선의 탈출구였을 거다. 어린 나이에도 고통을 해결할 방안을 찾고 이를 구체적으로 실천했음을 볼 때 준우는 자신의 상황을 개선시키려는 내적인 힘이 매우 강한 사람이다. 그런데, 슬프게도 그렇게 어렵게 얻어낸 탈출구에서 준우는 좌절을 경험했고 도와줄 사람을 만나기는커녕 엎드려 잠이나 자라는 '포기'를 강요받았다. 희망이 절망으로 변하는 과정에서 준우는 일어나지 못했고 시름시름 기운을 잃어갔다.

한 사람의 또 다른 얼굴을 본다면

준우에게는 사실 공부보다 광적일 정도로 몰입하는 것이 있었다. 대한민국 청소년들이 흔히 빠지는 게임이었다. 준우는 고등학교 입학 후 공부에 흥미를 잃으며 더욱 게임에 빠졌고, 학교에 있는 시간 말고는 늘 (수면 시간까지 아껴가며) 게임을 했다.

나는 게임에 대해서는 문외한이라 세세한 내용은 모르지만, 청소년 혹은 청년들과 만날 때 게임 얘기를 자주 나눈다. 그들 중 다수가 게임에 관심이 있어 자연스럽게 관심 주제로 이야기가 흘러가기 때문이다. 그럴 때, 내가 게임을 자주 하는지 혹은 많이 알고 있는지는 전혀 문제가 되지 않는다. 그들이 열정을 갖고 얘기하는 것을 듣고, 게임을 하며 **그들이 느꼈을 감정을 상상하며** 대화를 나누면 된다. 다른 주제와 달리 환한 표정으로 눈빛을 빛내며 말하는 모습을 보며, 그들의 우울과 침체 이면을 만난다.

준우와도 여러 번의 만남에서 게임 얘기를 나누었다. 그런데 준우와 얘기를 나누다 보니 일반적인 게임중독 청년들과는 다른 점이 보였다. 준우는 게임 속 캐릭터나 흔히 말하는 게임의 선정성, 폭력성에 그다지 빠져들지 않았다. 대신 이 게임의 목적과 구성이 어떤지, 이 게임이 스토리 전개에서 어떤 장점이 있는지 어떤 점이 아쉬운지 등에 큰 관심을 보였다. 게임 세계를 잘 모르는 나로서는 알아듣기 어려운 이야기가 많았지만, 어렴풋하게라도 준우가 다른 게임중독 청소년과 뭔가 좀 다르다는 느낌을 받았다.

그렇게 몇 개월 후, 꼭 준우를 위해서만은 아니었지만 프로그램 참가자 중 다수가 게임에 빠졌었거나 빠져 있는 경우가 많아, 아예 게임 개발 사업을 하시는 분께 한 학기 활동을 맡아주시길 제안했다. 다행히도 꽤 괜찮은 선택이었다. 가끔씩 이렇게 현직에 있는 분께 직접 과정을 맡아달라고 요청하는 경우가 있다. 이는 현장의 생생한 기술과 노하우를 전달하려는 의도도 있지만, 자신의 꿈을 믿지 못하고 막연하게 두려워만 하는 청년들을 위해 그 **꿈의 실제**를 만나도록 도와주기 위해서다. 특히 게임 수업을 맡으신 분은 강사라기보다는 형처럼 오빠처럼 청년들과 소통해, 참가자들의 호응이 높았다. 참가자들과 나이 차이도 크지 않았고 자신도 게임에 빠져들다가 그걸 직업으로 연결한 사람으로서, 그 과정에 대해 두런두런 얘기해주었다. 게임 개발이라는 일의 어려움, 이걸 사업화하는 데 따르는 문제점과 허상에 대해서도 진솔하게 이야기 나누는 듯했다.

고립·은둔 청년들의 프로그램이 한 단락 마무리될 때 우리는 작은 발표회를 한다. 해당 과정 동안 배우고 공유한 내용들을 참가자들이 스스로 정리하고 구성해서 강사, 상담자, 운영진 때로는 가족이나 지인들을 초대해 발표하는 시간이다. 준우는 발표회 때 게임과 관련된 방대한 분석 자료를 발표했다. 내 눈에도 제법 범주가 잘 정리된 내용이었고, 거기에 자신의 의견과 평가가 덧붙여진 그럴듯한 발표가 이어졌다. 준우가 강조한 것은 '감동이 있는 게임을 만들고 싶다'는 것이었다. 해외 게임 중에는 끝내고 나면 마치 좋은 책을 읽은 듯 뭉클해지는 것들이 있는데, 우리나라 게임 중에는 전무하다는 것이다. 준우는 조목조목 예시를 들며 논리정연하게 비판했고, 덮는 순간 감동을 느끼는 책과 같은 게임을 만들고 싶다며 발표를 맺었다. 흥분과 자극만 주는 것이 아니라 감동이 있는 게임을 만들고 싶다는 꿈, 얼마나 멋진 꿈인가. 간신히 버텨온 학창 시절 내내 게임을 하며 준우는 어쩌면 자신의 삶에도 감동의 시간이 찾아오길 바랐을지 모른다. 그 감동은 삶의 무게와 고통을 겪는 사람에게 전해지는 위로일 수도 있고, 희망을 버리지 않고 견디는 사람에게 전해지는 격려일 수도 있을 것이다.

변화가 '믿어진다'는 것

준우와 함께한 시간이 모두 순탄하지는 않았다. 목적이 무엇이었든 준우는 빈번하게 밤새워 게임을 했고, 그러니 오전 시간에 일어나지 못해 활동에 참여하지 못하기도 했다. 그럴 때는 당연하게 연락도 되지 않았다. 어떤 경우는 며칠이 아니라 1~2주씩 프로그램에 참여하지 않았고, 그러다 활동이 거의 끝나가는 오후 늦게 잠에 취해 좀비 같은 모습으로 나타나기도 했다. 이런 모습을 보고 일부 운영진은 준우가 자신이 원하는 삶을 살기는 어려울 거라고 낙담하기도 했다. 나 또한 답답한 기분을 느낄 때가 있었지만, 나는 종종 이렇게 말하곤 했다. "세상에 단 한 사람만이라도 **믿어주는 사람**이 있을 때 우리는 삶을 포기하지 않는다. 그리 힘든 일도 아니니 그냥 믿어줘 보자."

신기한 건 그런 오르내림 가운데도 준우가 계속 프로그램에 참여했다는 점이었다. 그는 그렇게 우리와 함께 2년 반이라는 시간을 보냈다.

그 시간동안 우리 모두는 의심 반, 기대 반의 마음으로 준우를 바라보았다. 그렇지만 가장 자신을 믿기 어려워했던 사람은 준우 자신이었을지 모른다. 다른 불안정한 참가 청년들을(그렇지 않은 청년이 거의 없었지만!) 대할 때도 마찬가지였지만, 프로그램을 운영하다 보면 우리가 싸워야 할 대상은 청년들의 불안정함이 아니라 **우리가 그들에게 품는 믿음**임을 알게 된다. 현재 내가 보고 있는 청년들의 연약함, 감정 조절 실패, 사람에 대한 두려움, 예측할 수 없는 불안정함 등이 과연 얼마나 줄어들 수 있을까, 그것들이 총체적으로 나타나고 있는 현재 모습이 과연 얼마나 변할 수 있을까. 이러한 의문에 대해 무조건 희망을 품는 건 정말 어렵다. 그렇지만, 그러다 보면 이 사람을 둘러싼 환경이 바뀌었고, 본인이 노력하고 있고, 시간을 갖고 우리가 돕고 있으니 분명히 조금이라도 나아질 거라고, 서서히 믿음이 생기게 된다. 그렇게 우리는 한 사람을 믿기 시작하고, 때로는 저절로 **믿어지게** 된다.

'믿으려 애쓰는 것'과 달리 '**믿어지는 것**'은 그 사람에게서 **희망의 면모를 보는 눈**을 가질 때 가능하다. 우리는 누구나 잘난 구석과 못난 구석을 함께 갖고 있다. 이는 나, 너, 모든 사람이 마찬가지다. 타인을 바라볼 때 그 사람의 못나고 연약한 부분에 시선이 고정되면 우리는 그 사람의 미래에 대해 긍정적인 기대를 하기 어렵다. 하지만 그 사람의 숨겨진 멋진 모습에 눈길을 둘 때 그가 더 행복한 미래를 만들어갈 수 있을 거라는 믿음을 갖게 된다. 그렇게 되면 그 사람을 믿으려 애쓰는 것이 아니라 편안하게 믿어지게 된다(이는 타인에게뿐 아니라 나에 대해서도 마찬가지이다). 따라서 때로는 그 사람의 특성의 변화가 아니라 보는 이의 **시선의 변화**가 관건일 수 있다.

나는 다른 운영진보다 이 영역에 대한 믿음이 큰 편이다. 준우에 대해서도 마찬가지였다. 나는 그냥 그가 믿어졌다. 선한 눈빛으로 큰 덩치를 휘적거리며 늦게라도 나타나는 그 녀석이, 지금보다 한결 편안해지고 자신이 원하는 바에 조금이라도 다가갈 수 있을 거라고 믿어졌다. 이러한 믿음은 힘들어도 포기하지 않고 견뎌냈던 그의 학창 시절, 설명회 때 조용히 어머니를 위로하고 달랬던 다정함, 의지를 갖고 자발적으로 센터를 찾은 실천력, 자신이 해보고 싶은 일을 구체적으로 찾아내는 주체성 등이 모두 그의 특성임을 알기 때문이었을 거다.

결론을 말하면 내 믿음은 허황된 것이 아니었다. 준우는 과정을 끝내고 대학 입시를 준비했다. 스스로 그러고 싶어 했다. 신기한 것은 준우가 몇 년간 온 영혼을 불어넣어 몰입했던 게임 분석이 꽤 요긴한 재산이 되었다는 점이다. 자기소개와 면접 등 모든 과정에서 자신이 쌓아온 지식과 경험을 십분 발휘했고, 준우는 게임학과에 입학했다. 그리고 이후 믿기지 않는 소식들을 전해왔다. 교수님에게 칭찬받았다고, 동아리를 꾸려 함께 게임을 기획하고 있다고, 팀을 꾸려 게임 공모전에 나갔는데 상을 탔다고⋯⋯.

준우는 대학을 졸업했고 지금은 취업을 준비하고 있다. 최근에는 취업을 하려니 운전면허를 따는 게 유리할 것 같아 면허 준비를 하고 있다는 소식을 전해왔다. 예전에 좀비처럼 눈을 반만 뜨고 다니고, 잠에 취해 헛소리에 가까운 대화만 가능하던 준우는 이제는 좀처럼 찾아볼 수 없다. 준우는 이렇게 말한다. "이 프로그램이 계속 있기를 바라요. **제가 한참 후에 돌아와도 그냥 계속 있었으면 좋겠어요.**"라고.

이걸로 족하다. 준우에게 어떤 화려한 감사의 말을 듣는 건 중요하지 않다. 우리가 늘 원하는 대로, 우리가 제공하는 프로그램이 준우와 같은 청년들에게 세상으로 나가는 징검다리가 된다면 우리는 역할을 다한 것이고, 그걸로 만족이다. 내가 그랬던 것처럼 은둔이들도 스스로를 포기하지 말고 자신에 대한 믿음을 잃지 않기를 바란다. 그러면 거기서부터 달라질 수 있다.

방 안으로 숨어 든 사람들

─ 왜 고립·은둔할까 1 ─

은둔형 외톨이 하면 사람들은 어떤 생각을 할까? 어떤 이미지가 떠오를까?

고립·은둔 청소년과 청년 문제 전문가로서 오랜 시간, 여러 영역에서 다양한 사람을 만나왔다. 고립·은둔 당사자, 그 가족(주 보호자)뿐 아니라, 문제를 함께 고민하고 해결 방법을 찾으며 상담자, 복지사, 활동가들을 만났다. 정책적 지원 방안을 마련하기 위한 자리에서는 학교, 교육청, 지자체, 관련 정부 부처의 담당자들을 만났다. 그리고 이 문제를 사회에 알리는 과정에서 많은 언론 매체 관계자들을 만났다. 이런 수많은 다양한 만남에서 신기하게도 몇 가지 공통적인 반응을 접했다.

대부분 고립·은둔 현상에 대한 설명을 들으며 처음에

는 크게 놀란다. '아니, 세상에, 그럴 수가…… 어떻게 그런 일이……'를 연발한다. 충격과 놀라움이 잦아들면 그들은 고개를 갸우뚱거리며 묻는다. '그런데, 도대체 왜 그래요? 무엇 때문에 그런 상태가 되는 거죠?' 고립·은둔의 이유와 원인을 묻는 질문, 이것이 내가 가장 많이 마주한 반응이다.

흥미로운 점이 하나 있다. 주변 사람들과 달리 당사자들은 자신이 고립·은둔하게 된 원인에 그렇게 집착하지 않는다는 점이다. 자신의 문제이니 원인을 잘 알아서 그러는 게 아니다. 그들도 '내가 왜 그렇게 되었는지' 매우 혼란스러워한다. 질문을 받으면 모르겠다며 고개를 젓는다. 또한 이렇게 답할 수 없는 질문 자체를 매우 고통스럽게 여긴다. 어쩌면 자신이 처한 상황이 스스로도 이해되지 않아 답답하거나, 마주하기엔 너무 아픈 질문이라 피하고 있는 것인지도 모른다.

우리나라 청소년과 청년들은 왜 고립·은둔하게 되는 걸까? 먼저 말해두자면 어떤 사회 현상의 원인을 분석할 때, 분명한 인과 관계를 칼로 도려내듯 명확하게 밝히기는 어렵다. 우리는 보통 'A 때문에 B라는 결과가 나왔다'라고 쉽고 단순하게 이해하고 싶어 하고, 여기서 한 현상에 대한 오해가 일어난다. 그러나 인간 삶에서 일어나는 현상들은 가설적 입증만 할 수 있고 원인이라 꼽는 것들도 실제는 '영향을 주는 변인'이라기보다는 '영향을 준다고 간주되는 변인'을 의미한다. 고립·은둔 문제도 마찬가지이다. 어떤 요인들이 뚜렷하게 고립·은둔 상황을 야기했는지를 '증명'할 수는 없다. 하지만 몇 가지 삶의 요소와 경험들이 고립·은둔에 앞서 일어났고 그것이 고립·은 둔을 예측하게 했다면 우리가 주목해야 할 충분한 이유가 된 다. 당사자가 현 상태에 이르게 된 과정을 이해하는 데에도 도 움이 될 뿐 아니라 앞으로 어떤 부분을 어떻게 도와야 하는지 에 대해서도 실마리를 얻을 수 있기 때문이다.

다른 현상들과 마찬가지로 고립·은둔은 한두 개 요인에 의해서만 발생하지 않는다. 고립·은둔에 영향을 미치는, 혹은 고립·은둔에 선행되는 요소는 무엇이 있을까?

개인적 요인

고립·은둔에 영향을 미치는 개인적 요인에는 성별, 연령, 학력, 거주지 등의 인구사회학적 요인과 기질, 성격적 특징들 이 포함될 수 있다. 아직 한국의 고립·은둔에 대한 연구가 시 작 단계에 있어서, 각 요인에 대한 충분한 자료가 쌓인 것은 아 니다. 성별과 관련해서는 결과가 다소 비일관적이지만, 일본에 서는 일반적으로 남성의 고립·은둔(히키코모리)이 여성보다 높 은 것으로 보고되고 있다(사이토 다마키, 2012; 연합뉴스 2019. 3.

29.). 최근 한국의 연구와 조사들에서도 비일관적인 결과가 많지만 남성의 고립·은둔 비율이 더 높게 나타나는 경우가 많다. 하지만 고립과 은둔을 구분해서 볼 때 성별 차이가 크고, 조사 방법에 따라서도 차이가 있다. 일반적으로 여성은 남성에 비해 도움을 요청하는 데 수치심이 적은 편이기 때문에, 가족 보고가 아닌 자발적 응답으로 조사한 경우 남성보다 여성 고립·은둔 청년이 자신의 상황을 더 적극적으로 개방했을 수 있다.

성별이나 출생 순위 요인에 비해 개인이 갖고 있는 **기질**이나 **성격**• 특성은 고립·은둔의 비교적 명확한 유발 요인으로 볼 수 있다. 고립·은둔하는 사람들은 대부분 어린 시절부터 내향성, 수줍음, 낯선 사람이나 환경에 대한 두려움과 위축, 예민함, 완벽주의적 성향 등의 특성이 있었다고 보고한다. 이런 성향들은 결코 문제적 특성이 아님에도 불구하고, 학업 스트레스가 높은 대한민국 학교 현장에서 이들의 **착하고 순응적인 반응**은 쉽게 학교폭력 피해로 이어지곤 한다. 고립·은둔자나 그들 부모와 면담할 때, 나는 기질과 성격 요인을 좀 더 구체화

• 기질과 성격: 기질(Temperament)은 한 개인이 선천적으로 타고난 특성으로 감정적인 경향이나 반응에 관계되는 성격의 한 측면을 지칭한다. 반면 성격(Personality)은 타고난 경향성과 환경적 요인 및 경험이 함께 영향을 미쳐 형성된 지속적이고 일관된 행동 양식을 말한다.

하기 위해 이 친구가 아주 어린 시절에는 어떤 아이였는지를 묻는다. 만일 영유아기 때부터 대인 관계에 예민했거나 공포심 등을 보였다면 이는 기질적 요인을 갖고 있었다고 볼 수 있다. 반면, 어린 시기에는 거의 그렇지 않았는데 중학교나 고등학교 같은 특정 시기에 특정 사건을 겪고 고립·은둔이 발생했다면, 이는 기질이나 성격보다는 환경 요인이 더 크게 영향을 끼쳤다고 봐야 한다.

종합하면 대부분의 고립·은둔자들은 자기주장을 하거나 자기 욕구를 강하게 드러내기보다 관계 속에서 참고, 맞추고, 양보하고, 견디는 경우가 많다. 그런 이유로 부모, 선생님 등 주변 사람들은 이들이 늘 착하고 온순해서 크게 속 썩인 적이 없다고 말하곤 한다. 그렇지만 조용한 가운데 이들은 욕구를 누르고 주변 요구에 자신을 맞춰왔을 수 있다. 어떤 이는 고립·은둔자를 두고 '이들은 **1급수에서만 살 수 있는 물고기**인데 세상이 2, 3급수라서 이런 문제가 생긴다'라고 표현하기도 한다. 나도 어느 정도 공감하는 표현이다. 사람들이 초경쟁사회에서 각자의 욕망을 드러내며 치고받을 때 이들은 자신을 드러내기보다 끝까지 참고 견디다, 더 이상 버티지 못할 때 고립·은둔을 택한다.

가정 관련 요인

　　가족은 탄생의 순간부터 한 개인이 가장 오랜 시간 접촉하는 대상이다. 가정이라는 작은 사회 속에서 아이는 자존감 형성과 대인 관계 기술 등을 처음으로 배워나간다. 이런 이유로 가정은 고립·은둔 현상에 크게 영향을 끼친다. 가정 관련 요인 중 가장 중요한 것으로 부모-자녀의 관계, 그리고 부모의 양육 태도를 들 수 있다.

　　고립·은둔자들은 부모와의 관계에서 극단의 경험을 하는 경우가 많다. 한 극단은 부모가 무관심하거나 방임하고, 그로 인해 기본 욕구가 채워지지 않는 상황에 놓이는 경우다. 부모가 경제 활동에 바빠 자녀를 오래 방치했거나, 아이가 교우 관계나 학교 생활에서 겪는 어려움에 적절히 반응하지 못했던 경우가 많다. 또는 아이가 하고 싶은 것들이 거의 실현되기 어려운 환경이었던 경우들도 이에 해당된다.

　　또 다른 극단은 부모가 지나치게 간섭하고 압박을 가하는 경우다. 대부분은 자녀에 대한 높은 기대에서 비롯되는데, 높은 성취에 대한 압력이나, 부모가 원하는 진로를 강요하거나, 모든 일을 부모가 대신 해주는 과보호 등이 이에 해당된다. 두 극단 모두 아이가 가족 안에서 **있는 그대로의 자신**으로 받아들여지지 못한다는 공통점이 있다. 이 외에도 대화의 단절, 표면과 이면에 다른 메시지를 담는 이중적 대화, 지시·강요·회유의 소통 방식 등 부모-자녀 간 불건강한 관계 경험이 청소년과 청년들의 고립·은둔에 영향을 미칠 수 있다.

부모-자녀 관계만이 아니라 가족 구성원 간의 관계도 영향을 미칠 수 있다. 가족 구성원들이 정서적으로 단절되었거나, 가족 내 규칙과 규범이 매우 비일관적이고 혼란스러울 때이는 고립·은둔 당사자뿐 아니라 구성원 모두에게 부정적 영향을 주게 된다. 또한 쉽게 예상할 수 있듯이 부부, 형제자매, 고부, 친지들 간에 갈등이나 불화, 혹은 가정 폭력 등이 있는 경우, 이로 인한 부정적 경험이 누적되며 개인의 예민한 기질/성격과 상호 작용하며 고립·은둔을 야기할 수 있다. 가족이 경험한 경제적 어려움, 사회적 차별과 무시 등도 고립·은둔에 영향을 끼친다. 또한, 고립·은둔 당사자들은 가족 때문에 이사나 전학을 자주 하며 삶의 터전이 바뀌고 익숙했던 관계가 단절되었던 경험이 고립·은둔의 시작이었다고 보고하는 경우도 많다.

참고문헌

사이토 다마키(2012). 『은둔형 외톨이: 그 이해와 치유법』, 파워북.
"日 중장년 '운둔형 외톨이' 61만3천명… 첫 정부 통계", 「연합뉴스」, 2019. 3. 29.

세 가지 'ㅅ'을 빼앗긴 사람들

— 왜 고립·은둔할까 2 —

한 사람이 사람들과 관계를 끊거나 좁은 생활 반경 안으로 들어가는 쉽지 않은 결정을 하는 데에는 어떤 원인들이 있을까? 개인적 요인이나 가정 환경이 끼친 장기적인 영향뿐 아니라 또 어떤 요인들이 청년과 청소년을 고립·은둔하게 만드는 것일까?

학교/학업 관련 요인

가정은 분명 삶의 시작점이고 사회로 나가는 터전이지만 현대 사회, 특히 한국에서는 가정이나 가족이 개인에게 미치는 영향력이 지속적으로 줄고 있다. 우리나라 청소년들은 아침 일찍 집을 떠나 학교에 가고, 학교를 마친 뒤에도 학원에서 긴 시간을 보내다가 늦은 밤에야 집으로 돌아온다. 주말이나 방학에도 다르지 않아, 아이가 집에 머물며 부모와 시간을 보내고 서로 영향력을 주고받는 정도는 아동기를 벗어나면서 크게 줄어든다. 부모가 차지하던 심리적 공간은 점차 학교나 **교우 관계**로 채워지고 **이 안에서의 상호 작용의 영향력**이 점차 중요해진다. 따라서 고립·은둔 현상에 학교나 학업 관련 요인이 끼치는 영향은 가정 못지않게 혹은 그 이상으로 크다.

학교 부적응은 청소년 시기에 고립·은둔하게 만드는 중요한 유발 요인이다. 학교 부적응은 다소 넓은 개념인데, 교우 관계에서 어려움을 겪거나, 학업 수행에서 심한 무의미함을 느끼는('이걸 왜 배워야 하지?' 같은) 것이 예이다. 또는 성취에 대한 압박으로 심한 스트레스를 느끼며 학업을 계속하지 못하거나, 학교 운영 체계나 교사와의 관계에서 큰 부정적 경험을 하는 등 다양한 이유로 나타난다.

특히 고립·은둔 당사자들은 매우 높은 비율로 학창 시절에 집단 따돌림이나 학교폭력 피해를 경험한다. 이 경험이 이들에게는 사람에게서 멀어지게 되는 치명적인 요소가 된다. 나는 이제까지 수많은 고립·은둔 청소년, 청년 혹은 중장년과 그들 가족을 만나왔지만, 학창 시절에 학교폭력 가해자였다고 말하는 이는 본 적이 없다. 이들은 한목소리로 자신이 학교폭력 피해자였고, 이 경험이 트라우마로 남아 집 안으로 숨어 들게 되었다고 고백한다.

학교에서의 부적응이나 학교폭력 경험이 해결되지 못하면 많은 청소년들이 학교중퇴를 선택한다. 학교중퇴는 학업중단과 같은 의미가 아니고,• 학교가 아닌 다른 현장이나 방법을 찾아 학업을 계속하려는 대안이 되기도 한다. 하지만 '코로나 세대'가 고교생이 되면서 학교 이탈에 가속도가 붙는 것과•• 초등학생의 학교중퇴가 크게 늘고 있는 현상•••에 대한 우려

• 학교중퇴와 학업중단: 학교중퇴는 글자 그대로 단순히 더 이상 학교를 다니지 않음을 의미한다. 반면 학업중단은 학교든 어느 기관에서든 학업 자체를(배우기를) 중단했음을 의미한다. 학교를 자퇴한 것이 학업을 중단한 것을 의미하는 것은 아니기 때문에, 경우에 맞게 유의해서 용어를 사용해야 한다.

•• 최근 자료에 의하면, 전체 고교 재학생의 2.0%에 해당하는 2만 5792명이 학교를 떠났다. 고교생의 학교중퇴 비율은 2019년 1.7%였다가 코로나19 시기인 2020년 1.1%까지 떨어진 뒤 2021년 1.5%, 2022년 1.9%로 다시 늘었다. 지난해 고교생들이 코로나19 초기에 중학교 1~3학년이었다는 점을 감안할 때, 이들이 앤데믹 이후 대면으로 진행되는 학교 생활에 부담을 크게 느끼며 학교 자퇴가 늘고 있다는 분석이다.("'학교 떠나는 '코로나 세대'… 고교중퇴 작년 2만 5000명", 「동아일보」, 2024. 7. 22.)

••• 여성가족부가 발표한 '2023년 학교 밖 청소년 실태조사' 결과를 보면 초등학교 때 학교를 그만둔 청소년의 비율이 2015년 5.6%에서 2023년 17%로 8년 전에 비해 세 배 이상 늘어난 것으로 나타났다.("초등학교 때 학교 그만둔 청소년 늘었다… 부모 '홈스쿨링' 권유가 다수", 「한국일보」, 2024. 5. 9.)

가 높다. 또한 여성가족부의 '2023년 학교 밖 청소년 실태조사'에 따르면 학교 밖 청소년 중 6개월 이상 외부 활동을 하지 않고 집에만 있었던 은둔 청소년 비율은 6.4%였고, 은둔 기간이 3개월 이상 6개월 미만인 은둔 잠재군은 3.5%였다. 학교를 떠나는 것이 고립·은둔으로 직결된다고 말할 수는 없다. 하지만 우리나라 현실 속에서 학교를 그만둔 청소년들이 교우 관계를 지속하는 비율이 매우 낮고, 그러면서 소속감을 잃고 고립감을 더 크게 느끼기가 쉽다. 안타깝게도 학교에서 트라우마적 경험을 한 후 학교를 떠나는 청소년들이 많기 때문에, 학교밖청소년지원센터 꿈드림 프로그램처럼 대안 기관이나 프로그램들에 참여하려는 의지도 대체로 낮다.

학교는 학습만을 위한 공간이 아니고 또래와의 다양한 관계 맺기를 경험하고 배우는 곳이다. 학교 내 대인 관계 속에서 행복한 경험을 많이 하는 것이 고립·은둔을 줄이는 중요한 요인이 되는 이유이다.

진로/취업 관련 요인

개인, 가정, 사회문화적 요인들은 청년, 청소년기의 고립·은둔에 공통적으로 영향을 끼친다. 하지만 청소년기에는 학교나 학업 관련 요인이 두드러지는 반면 청년기에는 진로나 취업 관련 요인이 더 크게 영향을 끼치는 듯 보인다. 고립·은둔 청년들은 자신이 세상으로 나가지 못하는 이유로 내가 뭘 잘하는지 모르겠고, 어떤 진로를 선택해야 할지 모르겠다고 호소한다. 또는 원하는 직업에서 번번이 탈락했고, 그러면서 유능한 또래들에 비해 자신이 **사회경제적으로 열등한 위치**에 놓일 수밖에 없다는 **절망감과 무력감**을 이야기하는 경우가 많다.

조금 더 자세히 들여다보면 이런 내용이다. 고립·은둔 청년들은 어릴 적부터 모든 진로 선택을 주체적으로 해본 적이 없어서—성적 맞춰 대학을 선택하거나, 부모가 원해서 전공을 고르거나, 주변의 인정을 받기 위해 직업을 찾거나—이제는 내가 잘하는 것이 무엇인지, 내가 원하는 것이 어떤 것인지, **살고 싶은 삶이 어떤 형태인지**에 대해 모두 혼란에 빠졌다고 말한다. 그런 가운데 거듭 취업에 실패하면 사회경제적 자립은 더욱 멀어지고, 진로가 결정되지 않아 소속감이 없는 채로 차차 무기력에 빠진다.

또는 청소년기 학교에서 경험한 것과 마찬가지로, 직장 내 대인 관계에서 상처를 받고 적응이 힘들어져 관계에서 도망치고 고립·은둔하는 경우도 많다. 이는 청소년기 때 학교 내 대인 관계의 어려운 시기를 지나 대학에 입학하거나 직장에 들어갔다는 사실만으로 고립·은둔의 위험성이 모두 사라지는 건 아니라는 걸 보여준다. 또한 우리 삶의 각 발달 단계에는 단계별 과제가 있고, 고립·은둔이 청소년과 청년기의 문제만이 아니라 **중장년기는 물론 노년기에 걸쳐 광범위하게** 나타날 수 있다는 뜻이기도 하다.

사회문화적 요인

불명예스럽게도 일본은 고립·은둔의 종주국으로 불린다. 오랜 기간 집에 틀어박혀 사회와의 접촉을 극단적으로 기피하는 사람들에 대해 처음으로 국가적 관심을 보인 곳이 일본이다. 종주국의 입지를 보여주듯, 미국정신의학협회APA가 발행하는 정신질환 진단 기준서 『DSM-5』 개정판은 일본어 발음 그대로 'Hikikomori(히키코모리)' 사례를 기술하고 있다.

하지만 최근 한국도 남의 나라 걱정을 할 때가 아닐 정도로 문제가 심각하다. 확인되는 숫자, 비율, 심각성만이 아니라 증가세를 높일 수 있는 요인에서도 그렇다. 물론 전 세계에서 일본과 한국에만 고립·은둔 현상이 있는 것은 아니다.● 일본과 한국에서 선제적으로 이 문제에 사회적 관심을 기울였는지 혹은 일본과 한국에서 독특하게 이 문제가 심각하게 발생하고 있는지 현재로서는 정확히 알기 어렵다. 하지만 분명한 것은 이 현상이 나타나는 국가들의 사회문화적 요인 역시 고립·은 둔을 일으키는 중요한 위험 요소라는 점이다.

과거에 비해 덜하다고 하지만 한국은 삶 여기저기에 유교 문화와 집단주의 문화가 존재한다. 이런 문화 속에서는 개개인의 주체성이나 개별성보다 가족주의, 조화와 화합, 서열과 권위의 존중 등이 높은 가치를 지닌다. 또한 자신이 속한 사회에서 행해야 할 **적절한 행동**이 강조되고, 이를 잘 지키는 경우 **타인의 인정**이라는 보상이 주어진다. 이러한 사회적 규준에 맞추기 위해 우리는 타인의 눈치를 보고, 남들과 비교하며, 튀지 않기 위해 애쓴다. 앞서 말했듯 많은 고립·은둔자는 자신이 무엇을 원하는지를 주장하기보다는 타인의 욕구에 맞추려는 수동적이고 순응적인 특성을 갖는 경우가 많다. 타인의 비난과 인정에 매우 예민하게 반응하는 경향성도 있다. 한국 사회의 집단주의적 문화는 이들이 자신의 주장을 더욱 억누르고 타인

●　예를 들어, 영국 의학저널 「BMC정신의학」은 "일본 고유 문화인 것으로 여겨진 히키코모리가 전 세계적인 사회 문제로 떠오르고 있다"고 전했다. 홍콩은 전체 인구 대비 히키코모리 비율이 1.9%에 달해 1% 안팎인 일본보다 높은 수준인 것으로 알려지기도 했다. 이와 함께 이탈리아, 스페인, 중국, 오만, 브라질 등에서도 자국의 히키코모리 사례를 다루는 논문이 2010년대 후반 들어 속속 등장했다.("전 세계적인 문제로 퍼져나가는 '히키코모리'", 「조선일보」, 2022. 11. 26.)

에게 맞추는 행동을 하도록 만들고, 이런 시간이 누적되면서 '괜찮지 않지만 괜찮은 듯' 생활하게 된다. 그러다 결국 더 이상 타인의 요구나 기대에 자신을 맞추기 어려울 때 그 관계에서 **철수**해버린다.

가족주의 문화도 이들에게 큰 짐이 될 수 있다. 좋은 성적을 받거나 좋은 직장에 취직하는 등 개별 구성원의 성취는 그 사람만의 성취가 아니라 부모를 포함한 가족 모두의 성취가 되기도 한다. 반대로 개별 구성원의 실패는 그 사람만의 실패가 아니라 부모와 가족 모두의 실패가 된다. 이런 분위기 속에서 내가 **부모와 우리 가족의 자랑거리가 되지 못할 것 같을 때** 고립·은둔 당사자들은 가장 크게 좌절한다. 부모는 나 때문에 수치를 당하고 자신은 도리를 못 하는 사람이 되기 때문이다.

나는 한국 사회에서 용납되기 어려운 세 가지 시옷(ㅅ)이 있다고 생각한다. **시도, 실수, 실패**이다. 이와 동시에 이러한 세 가지 시옷 없이 또 다른 하나의 시옷이 강요된다. 바로 **성취**이다. 대부분의 성취는 세 개의 시옷을 통해 이뤄진다. 우리는 시도하고, 실수하고, 실패하면서 어떤 결과를 얻을 수 있는데, 이런 과정없이 성취를 만들어 내라는 압력을 받는다. 특히 한국 사회에는 비교적 엄격한 **사회적 시계**social clock가 존재한다. 우리는 이 시계에 맞춰 삶의 과제들을 해내야 한다. 우리 사회에서 '10대에는 공부'해야 하고, '20대에는 취업'해야 하고, '30대에는 결혼'해야 하고, '40대에는 가족'을 돌봐야 하고, '50대에는 노후를 준비'해야 한다. 이러한 일련의 목표들이 '바람직한 삶'을 이루는 연령 단계별 과제가 된다. 사회적 시계에 맞추지 못하면 주변 사람들의 핀잔을 받을 뿐 아니라 스스로도 뒤처졌다고 느끼게 된다. 이런 문화에서 고립·은둔의 악순환이 야기되기 쉽다. 즉, 고립된 시간 동안 자신이 해야 할 사회적 과제는 쌓여가고, 나이에 맞지 않는 뒤늦은 과제를 하는 데 점점 더 많은 노력과 용기가 필요해진다. 새로운 시작, 즉 시도해보고 실수하고 실패한 뒤 다시 시작하는 **세 개의 시옷**에 대해서는 엄두도 내지 못하고 포기하게 된다.

이 외에도 우리 사회에서 고립·은둔의 원인이 될 수 있는 것들은 많다. 과도한 입시 위주 교육 과정, 취업 전쟁, 심리적 지지 체계의 약화, 인터넷 발달로 인한 대면 관계의 단절……. 이는 한 개인의 고립·은둔뿐 아니라 우리 사회 내의 더 큰 고립·은둔을 만드는 위험 요인이 될 수 있다.

2장

못나고 또한

아름다운

땀은 말리지 말고 닦아내야 한다

여름날, 푹푹 찌는 무더위에 온몸 질펀하게 땀 흘려본 적이 있을 것이다. 조금 걷기만 해도, 아니 숨만 쉬어도 몸 마디마디에 땀이 찬다. 그러다 에어컨이 공기를 시원하게 식힌 공간으로 들어가면 언제 그랬냐는 듯이 곧 땀이 식는다. 하지만 찝찝함은 여전히 남는다. 땀과 함께 배출되었던 염분이 피부에 남아 따끔거리고, 땀에 젖은 머리카락이 버석거리기도 한다. 더는 땀이 나지 않고 더위를 느끼지도 않지만, 깨끗하게 씻어내지 않은 땀은 내 몸에 고스란히 남아 나를 불쾌하게 만든다. **땀을 말리는 것이 아니라 닦아내야** 하는 이유이다. 그리고 이것은 몸에 대한 것뿐 아니라 마음에 대한 이야기이기도 하다.

지구상의 생명체 중 가장 다양하게 감정을 느끼는 존재는 인간일 것이다. 희로애락으로 요약되는 인간의 감정은 우리가 살아 있음을 보여주고, 삶을 풍성하게 하고, 어쩌면 인간이 이뤄온 모든 학문과 문화 예술의 근본이 되었을 것이다. 여기서 감정 혹은 정서의 종류나 그 기능에 대해 말하고 싶지는 않다. 그보다는 우리가 느끼는 감정의 이면과, 감정 처리에 관해 많은 사람들이 오해하는 부분에 대해 이야기를 나누고 싶다. **'감정은 묻어두면 독이 될 수 있다'**는 사실이다.

만일 과거 어느 시점에 발생한 슬픔, 분노, 억울함 같은 부정적 감정을 씻어내지 못했다면, 이 감정은 사라지지 않고 우리에게 영향을 미친다. 감정이 격렬하고 깊을 경우 그 영향력은 더 커진다. 사건이 종결되었고, 사건을 둘러싼 감정이 그때만큼 강하게 느껴지지 않기 때문에 우리는 모든 것이 완결되었다고 여기곤 한다. 또는 이후에 여러 긍정적 경험을 하며 그 사건이 남긴 부정적 감정이 조금 상쇄된다면 이러한 **회피**가 더욱 자주 일어난다. 하지만 감정이 나에게 남아 있는지 아닌지도 확인하지 않거나 감정이 남았을 때 이를 다독이고 해소하는 계기를 만들지 않고 방치한다면, 묻혀 있던 감정은 휴화산처럼 터져나와 문제를 일으킨다. 이를 상담학에서는 **미해결 감정**이라 부른다. 우리는 때로 감정들을 무의식 수준까지 눌러두는 경우가 있기 때문에 '감정 찌꺼기'로 인한 돌발적 행동이 발생했을 때 그 원인을 또렷이 파악하지 못하기도 한다.

덤불로 가로막힌 감정의 숲

민수라는 청년을 만난 적이 있다. 민수는 집단따돌림과 학교폭력 피해를 당하며 결국 학교를 중퇴하고 몇 년간 방황의 시간을 보내다가 은둔으로 들어갔다. 그리고 이런저런 경로를 거쳐 나를 만나게 되었다. 처음 몇 개월간 민수는 자신이 받았던 학교폭력에 대해 이제 아무렇지 않고, 이미 다 지나간 일이고, 가해자들을 용서했고, 이젠 자신도 힘이 있어 다 잊고 지내고 있다고 말했다. 내가 몇 번 **탐색**과 **감정 해소**를 위한 작업에 초대했지만 이미 지난 일이라 필요하지 않다며 거부했다. 그렇지만 민수는 계속 불면에 시달렸고 자신도 이해하지 못하는 분노 폭발을 종종 겪었다.

분노는 예기치 않은 상황에서 전혀 연결점이 없는 자극으로 인해 일어났다. 엄마가 밥 먹으라고 부를 때, TV에서 드라마를 볼 때, 좋아하는 것이 무엇이냐는 질문을 받을 때, 혹은 길을 가다가 타인과 눈이 마주칠 때······. 자신의 과거 경험과는 아무런 연결점도 찾을 수 없는 일에 폭발적으로 감정이 올라와 민수는 스스로도 당혹스러워했고, 정신을 차려보면 상대에게 매우 격렬하게 화를 내 수습할 수 없는 상황을 만들어버린 후였다. 자신은 그렇게 화를 내고 싶지 않고, 더 이상 '급발진'하며 사고를 내고 싶지 않다며 민수는 눈물을 글썽였다.

이제야 겨우 민수가 감정의 숲길을 탐색할 준비가 마련된 것이다.

나는 먼저 민수의 **상처를 확인하는 말**을 건넸다. 만약 다리에 상처를 입었다고 해보자. 무엇을 해야 하는가? 무엇을 하지 말아야 하는가? 가장 먼저 해야 할 일은 다리의 상태를 살피는 일이다. 상처가 깊은지, 지혈이나 소독이 필요한지, 깁스나 목발의 도움을 받아야 하는지……. 이를 판단하기 위해서는 먼저 '살펴야' 한다.

하지만 민수가 그런 것처럼, 우리는 대체로 '괜찮다, 괜찮다. 상처를 주는 요소는 사라졌고 나는 이제 아프지 않을 거다.'라고 스스로 주문을 건다. 상처는 주문으로는 치유되지 않는다. 적절하게 살피고 이에 맞게 상처를 돌보면서 해결된다. 그런 후에, 시간에 따라 자연스럽게 치유되기를 기다려야 한다. 이런 과정도 없이 '아프지 말자'는 구호만 외친다면 그 상처는 덧나거나 곪을 수 있다. 처음에는 무릎 근처 1센티미터만 한 상처였지만, 덧나고 깊어지며 정강이 전체를 덮을 수 있다. 크게 덧날 위험이 있는 상처인지 그냥 두어도 되는 상처인지 먼저 살펴야 하는 이유가 여기에 있다.

마음의 상처를 살피는 과정은 불편하고 아프다. 그래서 우리는 살펴보지도 않고 서둘러 묻고 덮고자 한다. 넘어져 다친 상처를 쓰리게 소독해본 경험이 있을 것이다. 마찬가지로,

내 마음을 들여다보고 그 상태를 살피는 것은 불편하고 아프다. 하지만 소독은 곧 끝난다. 곧 상처에 맞는 처치를 받을 수 있고 깨끗한 거즈로 덮을 수 있다. 더럽혀진 바지 속으로 상처난 다리를 밀어넣고 아픔을 참아보려 하는 것과는 근본적으로 다르다.

감정 돌봄

안타까운 것은 이러한 미해결 감정들이 꿈틀꿈틀 영향을 미칠 때, 우리가 이를 누르기 위해 지속적으로 **심리적 에너지**를 쓴다는 점이다. 민수의 경우 예상치 못한 상황에서 자신이 화를 낼지도 모른다는 걱정에 늘 긴장하고 조심할 수밖에 없었다. 평정심을 유지하려는 이러한 노력에는 엄청난 에너지가 들어간다. 특히 돌발적인 행동의 원인을 알 수 없어서 스스로 자기 행동을 예측할 수 없고 자신을 믿지 못하게 된다. 그렇게 자신이 원하지 않는 행동은 반복되고 자책과 절망을 경험하게 된다.

나는 이 과정을 **다리에 달린 추를 떼어내는 과정**이라고 말한다. 해결되지 않은 감정이나 미해결 과제는 발목에 달린 추처럼 우리가 한 걸음 한 걸음을 뗄 때마다 큰 에너지를 쓰게 만든다. 삶을 행복하고 가쁜하게 살아가고 싶은데 왜인지 모르게 힘겹게 느껴지고 아무것도 실천하지 못하는 경우, 종종 이렇게 감정을 누르는 데 많은 에너지를 써버렸기 때문일 수 있다. 자신이 왜 아무런 의욕이 생기지 않고 어떤 것도 계획대로 실행하지 못하는지 한탄하는 청년들이 많다. 그들은 어쩌면 발목에 주렁주렁 추를 단 듯이 해결되지 않은 감정들, 꺼내지 않은 미해결 과제들을 매단 채 자신을 채찍질하고 있는지도 모른다.

민수와 한동안 **감정 돌봄**의 과정을 함께했다. 이 과정에서 내담자들은 "내 안에 이런 감정들이 있는 줄 몰랐다."라는 말을 많이 한다. 민수도 그랬다. "내 안에 이렇게 분노가 많은지 몰랐다. 내 안에 이렇게 슬픔이 많은지 몰랐다. 나는 다 지나간 줄 알았다. 다 해소된 줄 알았다……." 민수는 그렇게 한참을 토해내고 덜어냈다.

누군가 이렇게 물을 것 같다. 감정 해소는 어떻게 시작해야 하는지, 꼭 전문가와 함께여야 하는지. 아니다. 마음을 먹으면 혼자서도 할 수 있다. 요즘은 좋은 영상이나 전문 서적도 많아 이를 통해서도 많은 도움을 받을 수 있다. 물론 전문가가 함께하면 좋다. 하지만 퍼스널 트레이닝을 받는다고 해서 코치가 나의 건강을 모두 책임져줄 수 없는 것처럼, 전문가에게서 배운 것을 내가 일상에서 실천하고 꾸준히 노력해야 건강한 몸과 마음을 지킬 수 있다. 말하자면 전문가와의 만남은 획기적이고 확실한 방법을 배우는 것이라기보다는, 시간과 공간을 허용해서 자신의 상태를 들여다보고 돌보는 정성을 쏟는 행위의 한 가지이다. 그리고 좀 더 바르고 정확한 방법을 배우고, 불편하고 낯선 그 과정을 함께 해내는 일이다.

사실 그 어떤 것보다 먼저, **내 마음 속을 우물 안 들여다보듯** 들여다보자. '혹시 그 안에 여전히 꿈틀대며 해결해줘야 하는 감정은 없나? 꽁꽁 숨겨뒀지만 썩기 일보 직전의 감정 덩어리는 없나?' 스스로에게 질문을 던져보자.

나에 대해 안다는 것은

"내가 무엇을 원하는지 잘 모르겠다." "나에게 맞는 것이 뭔지 모르겠다." 학교와 상담 장면에서 만나는 많은 청년들이 내게 자주 호소하는 말이다. 특히 고립과 은둔 상태에 있는 청년들은 짙은 안개 속을 헤매는 듯 절망적으로 말한다. **내가 누군지 잘 모르겠다고.**

그렇다면 '나를 안다'는 것은 무슨 뜻일까? 나를 잘 아는 사람은 어떤 사람일까? 다음 질문들을 살펴보자.

- 나의 강점은? 약점은?
- 내가 잘할 수 있는 것은? 잘하지 못하는 것은?
- 내 가슴을 뛰게 하는 것은? 내가 무심하게 여기는 것은?

- 나만의 독특한 특성은?

- 내 성격을 10개의 단어로 묘사한다면?

- 나를 가장 행복하게 하는 것은? 나의 행복을 지속시키는 것은?

- 내가 가장 견디기 힘든 것은? 나를 계속 힘들게 하는 것은?

- 나를 가장 기쁘게 하는 것은? 가장 슬프게 하는 것은?

- 내가 선택하고 싶었는데 하지 못한 것은? 이유는? 그 선택이 나에게 준 영향은?

- 언젠가 해보고 싶은 것은?

- 가장 살고 싶은 내 삶의 모습은?

- 내가 가장 중요하게 여기는 삶의 가치는?

- 내가 좋아하는 사람의 특징은? 싫어하는 사람의 특징은?

- 과거의 나를 돌아보면 드는 생각은? 감정은?

- 미래의 나를 떠올리면 드는 생각은? 감정은?

- 현재의 나를 묘사한다면?

- 내가 가장 솔직할 때는? 그렇지 못할 때는? 이유는?

- 내가 자주 느끼는 감정은? 하루 중 가장 많이 느끼는 감정은?

- 내가 가장 화나는 것은? 내가 화를 내는 방식은?

- 내가 가장 스트레스를 받는 것은? 스트레스를 푸는 방식은?
- 내가 생각하는 참다운 친구는?
- 내가 바라는 남성상, 여성상은?
- 무슨 일을 해서라도 잊고 싶은 것은?
- 내가 믿는 나의 능력은?
- 이제까지 가장 잘했다고 느끼는 것은? 가장 잘못했다고 느끼는 것은?
- 다른 사람들이 모르는 나만의 두려움은?
- 평생 가장 하고 싶은 일은?

나와 관련된 생각, 감정, 행동, 평가 등이 다양하게 포함된 질문들이다. 위 질문에 어느 정도로 대답할 수 있는가? 대답이 얼마나 또렷하고 구체적인가? 망설임 없이 말할 수 있는가?

머리가 복잡할 수 있으니 위 질문들에 대한 예시 답을 두 갈래로 살펴보자.

사람A
- 모르겠다.
- 생각하기 싫다.
- 뭔가 머리가 복잡하고 들여다보기 싫다.

- 나는 소용없는 생각을 하고 있다.

- 나는 쓸데없는 감정을 느끼고 있다.

- 왠지 마음이 심란하지만 왜 그런지 알고 싶지 않다.

- 내 감정을 들여다보는 것은 지금 하는 일에 방해가 된다.

- 나는 요즘 힘들지만 나만 그런 게 아니고 다 이렇게 산 다. 그러니 지금 내 감정은 적절치 않다.

- 지금 드는 생각은 좋은 생각이 아니니, 빨리 잊어버 리자.

- 내가 무엇을 생각하고 느끼는지를 아는 것은 부질없다. 그럴 시간이 있으면 하나라도 노력하는 게 낫다.

- 내 감정을 들여다보고 챙기다 보면 나는 남들보다 늦어 질 거다. 보지 말아야 한다.

- 낭만적이고 약한 생각과 감정을 품는 내가 한심하고 바 보 같다.

사람 B

- 지금 준비하고 있는 진로가 정말 내가 원하는 건지 다 시 생각하고 있다.

- 늦더라도 내가 원하는 것을 준비하고 싶고 그런 내가 자랑스럽다.

- 그날 이후 책상에 앉아 있어도 공부가 안 되는 시간이 늘고 있다.
- 나는 위로를 받고 싶다.
- 나는 친구들이 부럽다.
- 내 사정을 뻔히 알면서 자기들만의 대화를 하는 친구들이 얄밉다.
- 요즘 나는 표정이 굳어져 화난 사람 같다.
- 요즘 조금만 나를 건드려도 버럭 화를 내는 경우가 많다.
- 내가 이런 생각들을 하다니 놀랍다.
- 내가 이런 감정들을 느끼는 게 안쓰럽다.
- 내 혼란스러운 생각과 감정을 들여다보고 좀 정리해야 할 것 같다.
- 너무 묻어두지 말고, 내 얘기를 이해해줄 사람이 있으면 좀 털어놓아야 할 것 같다.

읽으면서 눈치챘겠지만 A는 자신의 생각, 감정, 행동을 **외면**하고 **회피**하고 있다. 또한 생각, 감정, 행동을 살피고 돌보는 것이 소용없다고 평가하고 그런 경험을 하는 자신을 탓한다. 반면 B는 자신의 생각, 감정, 행동을 할 수 있는 만큼 들여다보려 한다. 그리고 그런 생각, 감정, 행동을 **평가하지 않고 느**

끼는 그대로 받아들이려 노력한다. 필요하면 잘 대응하고 좋은 상태로 바꾸려 애쓴다.

당신은 어느 쪽에 더 가까운가? 당신은 '나'를 잘 알고 있는가? 나를 잘 알게 되는 특별한 방법은 없다. 나를 알기 위해 **지속적으로 끊임없이 나와 대화를 나누고 살펴보는 것**만이 방법이라면 방법일 것이다.

살다 보면 내가 원하는 것이 무엇인지 몰라 혼란스럽고 길을 잃은 듯한 고통을 느끼는 경우가 많다. 열심히 살아왔는데 그것이 내가 원하는 것이던가 고민하며 자신이 없어지는 순간도 있다. 이런 인식이 갑자기 왔다고 생각되겠지만 사실 그렇지 않을 거다. 유아기, 아동기, 청소년기를 거쳐 지금까지 한 순간도 빠짐없이 우리는 생각하고 느끼며 살아왔고 지금도 그렇게 살고 있다. 다만 많은 순간 그것을 세밀하게 들여다보고 살피지 않을 뿐이다. 내 생각, 감정, 행동을 살피지 않는 것은 바로 **나를 돌보지 않음**과 연결된다. 당신은 내 생각, 감정, 행동이 무엇인지 알려고 하는가? 말하자면, 내면의 소리에 귀 기울여 들어주고 있는가? 아니면 내가 생각하고 원하는 것보다 주변과 타인의 생각과 감정을 더 살피고 맞춰주고 있지 않은가? 그들의 목소리에 더 귀 기울이고 있지 않은가? 이런 **귀 기울임과 살펴봄**이 바로 나를 알아가는 행위이다.

물론 나를 안다는 것은 어느 날 하루에 몰아서 할 수 있는 것이 아니다. 짧은 기간 최대치로 열심히 했다고 완성되는 것도 아니다. 꾸준히, 지속적으로, 성실하게, 그리고 친절하게 나를 돌보는 것이 필요하다. 나무 한 그루를 키울 때, 바쁘다고 물 한 양동이를 들이붓고 나무가 1년 버틸 거라고 기대할 수 없다. 한꺼번에 많은 물을 주고는 왜 잘 자라지 않느냐고 원망할 수 없다. 튼튼하고 속이 꽉 찬 멋진 나무로 키우고 싶다면, 관심을 갖고 꾸준히 물을 주고 햇볕을 쬐어주고 바람과 비와 온도를 살펴야 한다. 그리고 이 과정을 늘 해야 한다. 남이 아닌 바로 나에게.

수많은 지혜를 남겼을 철학자 소크라테스의 말 중 우리에게 각인된 말은 하나다. '**너 자신을 알라.**' 나를 알아가는 데는 이런 **성실한** 과정이 필요하다. 나의 특성은 고정적이지 않다. 나는 매일매일 변화한다. 주변의 변화에 수동적으로 반응만 하는 존재도 아니다. 내 스스로 생각과 감정과 행동의 색깔, 방법, 범위를 만들어내고 창조해내는 존재이다. 같은 상황에서 사람들이 저마다의 생각을 하고 감정을 느끼고 다르게 행동하는 이유이다. 이렇게 복잡하고 미묘하고 섬세하고 능동적이고, 창조적인 생각과 감정을 지닌 존재인 나를 아는 데 '완성' 혹은 '완료'는 없다. **인간이라는 소우주**, 끊임없이 변화하는 소우주를 알아가는 과정이 우리의 숙명이자 삶의 즐거움일 수 있다.

내가 만나온 고립·은둔 청년 가운데는 자신을 살피고 돌보는 일을 소홀히 해온 시간이 길었던 사람들이 많다. 그들에게 앞의 질문들을 건넬 때 그들은 마치 모르는 외국어를 듣는 듯 힘겨워한다. 자신에게 질문을 던져본 지가 언제인지 까마득하다는 표정을 짓는다. 나는 이들이 나 자신을 한 번에 다 아는 방법이 있다고 기대하지 말며, 또한 나를 아는 것이 너무 힘들다고 포기하지 않기를 바란다. 나를 살피고 나에게 질문을 던지는 이러한 과정을 '놀이 삼아' 반복하다 보면, 어느새 '너는 어떤 때 행복하니?' 같은 질문에 전보다 더 가뿐하고 망설임 없이 답할 수 있게 될 것이다.

어떤 청춘

─ 고립 · 은둔에 대한 오해와 진실 1 ─

청춘은 '활기차고 열정적'인가?

　우리 사회에 고립·은둔 청소년과 청년이 많다는 사실이 알려지면서 이에 대한 사회적 관심이 부쩍 높아졌다. 우리보다 앞서 현상이 나타난 일본에서는 30여 년 전부터 이들을 히키코모리라고 부르며 주목해왔다. 하지만 한국에서는 2000년대 초반 몇 개의 연구가 반짝 진행되었을 뿐, 고립이나 은둔에 대한 사회적 관심은 최근 2~3년 전까지 거의 전무했다. 그러다 청년들의 마음 건강에 대한 우려가 커지고 이들을 사회가 도와야 한다는 인식이 높아지면서 뒤늦게 고립·은둔 대상자들이 주목받기 시작했다. 하지만 사회적 주목과 동시에 고립·은둔에 대한 잘못된 정보나 그들에 대한 편견과 선

입견도 함께 늘어나고 있다. 새롭다는 것은 낯설음을 의미하고, 낯선 것은 많은 경우 불편함과 연결된다. 이러한 이유로 우리는 새로운 사회 현상을 기존의 도식으로 바라보고 그 현상의 고유한 속성을 없애려 한다. 고립·은둔 문제가 그렇다.

젊은 청년들이 관계를 단절하고 방에서 나오지 않는다? 젊디젊은 청년층에서 나타나는 이 현상이 많은 이들에게 놀라움과 충격을 주는 모양이다. 내가 현장에서 만난 많은 사람들은 한국에 그런 청년들이 있다는 사실을 쉽게 받아들이지 못했다. 다양한 자료를 통해 은톨이의 존재를 확인한 경우에도, 그 특징을 제대로 알려 하지 않거나 기존에 자신이 갖고 있던 개념으로 설명하려 했다. 예를 들면, 고립·은둔 청년들에게 신체장애, 정신질환, 발달장애가 있다거나, 모두 폭력과 학대를 겪었을 거라거나, '묻지마 범죄'의 범죄자들과 비슷한 속성을 갖고 있을 거라고 믿는 식이었다. 하지만 고립·은둔 청년들은 그 도식 바깥에서, 그들의 **고유한 속성을 지니고 존재**한다.

문제 해결은 오해를 멈추고 있는 그대로 문제를 바라보는 것에서부터 시작된다. 이를 위해, 고립·은둔 현상과 관련해 자주 제기되는 오해를 하나씩 살펴보자.

1. 절대 밖으로 나가지 않는다?

고립과 은둔은 가족을 포함한 모든 사람과 관계를 끊고 방에 틀어박혀 몇 년씩 외출하지 않는 사람들의 이미지로 그려지곤 한다. 이들은 식사, 위생 상태 등 모든 것이 무너진 채로, 쓰레기장이 된 방에서 두문불출하는 모습으로 비춰진다. 하지만 앞에서 다뤘던 것처럼 고립과 은둔은 어느 정도 구분되는 양상이고, 고립 상태에 있는 사람들은 제한적이지만 대인 관계나 외출을 하기도 한다. 간헐적이나 정기적으로 집 앞 편의점에 가서 물건을 사 오기도 하고, 때로는 원하는 것이 있을 때 대중교통을 타고 물건을 사러 가는 등의 활동을 하기도 한다. 야간 편의점 알바나 식당 주방 보조 같은 단기 알바를 하는 경우도 있다.

반면, 은둔 상태에 있는 경우는 고립 상태보다 외출이나 사람과 관계를 맺는 빈도와 정도가 훨씬 약하고 생활하는 활동 반경도 좁다. 하지만 두 경우 모두 뚜렷한 공통점이 있는데 이는 모두 **사회적 관계**를 하지 않는다는 점이다. 즉, 고립 상태에서 하는 간헐적 외출도 누군가와 소통하거나 관계를 맺지 않고 그저 목적을 이루기 위해 하는 경우(편의점에서 점원과 대화도 없이 물건을 사는 식)가 대부분이다. 간헐적 경제 활동을 하는 경우도, 거의 관계를 맺지 않고 일만 하고 오거나 일한 기간이 매우 짧다면 고립 상태에서 벗어났다고 보기 어렵다. 결국,

고립이나 은둔 상태에 있는 사람들이 절대 밖에 나가지 않는다거나, 혹은 가끔씩이라도 밖에 나가는 사람은 고립·은둔 상태라고 볼 수 없다고 이야기하는 것은 오해이다. 핵심은 바로 **사회적 관계를 맺느냐**에 달려 있다.

2. 사람 혹은 사람과의 관계를 싫어한다?

방이나 집에서 나가지 않고, 연락이 와도 응하지 않고, 조직이나 활동에 참여하지 않는다……. 고립·은둔 자체가 사람과 사회로부터 스스로(?!) 물러나 있는 상태를 말하기 때문에, 많은 이들이 고립·은둔 청년들이 모두 사람과의 관계를 싫어한다고 생각한다. 하지만 그들을 만나보면 대부분 사람과의 관계를 간절히 원한다. 많은 경우 이들은 자신이 대인 관계 기술이 부족하거나 형편없다고 생각하고(그것이 사실이든 아니든), 자신의 특성(외모, 태도, 능력 등)이 타인과 관계를 맺기에 부적절하다고 생각한다. 나아가 자신이 부족하고 부적절하기 때문에 사람들이 자신을 싫어할 거라고 믿는다. 실제로 이들은 과거에 대인 관계에서 큰 실패감을 맛본 경우가 많다.

따라서 이들은 사람을 싫어하기보다는 사람에게서 **다시 상처받을까 봐 두려워하는** 경우가 많다. 이러한 마음은 상담 장면에서 여실히 드러난다. 고립·은둔 청년들을 만나는 대부분의 상담자들은 '이렇게 말하는 것을 좋아하고 사람과 만나기를 원하는 사람이 어떻게 관계를 단절하고 살았는지 모르겠다.'라고 놀란다. 고립·은둔 청년들은 믿을 수 있는 사람 앞에서나 실패에 대한 두려움을 조금 내려놓을 수 있는 상황에서는 **관계의 욕구**를 분명히 드러낸다. 말하자면 사람과의 관계를 원하지만 원한다고 말하지도 못하는, 즉 관계를 **안 하는** 것이 아니라 **못 하는** 상태라고 이해하는 것이 맞다.

3. 인터넷 과몰입이나 게임중독 때문에 고립·은둔한다?

제한된 공간에서 제한된 관계를 맺으며 고립·은둔자들이 가장 많이 하는 활동은 인터넷 사용이다. 고립·은둔이 어느 시기에 일어났느냐에 따라 주 활동에서 약간 차이가 있는데, 청소년은 게임하며 대부분의 시간을 보내는 반면 청년들은 게임보다는 유튜브 등 영상 시청에 더 많은 시간을 보내는 편이다. 특히 고립보다 은둔의 상태에서 활동 반경이 매우 좁은 경우, 게임이나 영상 시청에 몰입하는 정도는 더욱 심해진다.

이런 모습을 보며 가족이나 주변 사람들이 이들을 인터넷 과몰입자나 게임중독자로 여기는 것도 십분 이해된다. 하지만 '인터넷이나 게임에 과하게 빠져 있다가 고립·은둔하게 되었다.'라거나, 일부 부모님들이 얘기하듯 '(저 녀석이) 학교 안 가고 실컷 게임하려고 고립·은둔하고 있다.'라며 원인과 결과를 뒤집어 바라본다면 이는 분명한 오해이다. 내가 만난 대상자들이나 국내의 조사, 연구로 밝혀진 바에 따르면, 고립·은둔자들은 인터넷이나 게임에 몰입하다가 고립·은둔하기보다는, **고립·은둔의 상태가 된 후** 이런 과몰입과 중독을 보이는 경우가 많다. 이들은 한결같이 "고립·은둔 상태에서 할 수 있는 것은 인터넷이나 게임 밖에 없었다."라고 말한다. 모두 그런 것은 아니지만, 이들도 인터넷이나 게임 세계를 벗어난 현실에서 당당하고 즐겁게 관계를 맺고 싶어 한다. 그런데 이런 관계 맺기가 차단된 상황에서 자신의 복잡한 생각이나 감정과 마주하지 않기 위해서 인터넷과 게임에 매달리는 것이다. 물론 이렇게 인터넷에 몰입하고 게임을 하며 문제를 회피하는 동안 고립과 은둔 상태는 악화되는 게 사실이다. 안타까운 악순환이 시작되는 것이다.

4. 현 상태가 편안하다?

고립·은둔 상태에 있는 사람들을 곁에서 보면 이렇다. 공부나 경제 활동 같은 이렇다 할 생산적 활동을 하지 않는다. 밤늦게까지 인터넷이나 게임을 하다가 해가 중천에 걸렸을 때 일어난다. 안타까운 마음으로 이들을 돌보는 부모가 제공하는 돈으로 식사와 핸드폰 비용을 해결한다. 온종일 방 안이나 침대에서 뒹굴거린다……. 이런 모습을 보며 처음에는 고립·은둔 상태를 안타깝고 안쓰럽게 여기던 부모나 주변 사람들도 차차

'너무 편해서 계속 저러는 거 아닌가?'라는 의구심을 품기 시작한다. 때로 의구심이 증폭되면 부모가 '용돈을 끊거나 밥을 굶겨야 정신 차린다.'라며 언어적, 물리적으로 폭발하기도 한다. 이러한 오해는 고립·은둔 당사자가 내뱉는 거친 말들을 통해 더욱 굳어지기도 한다. 부모나 주변 사람들이 "언제까지 이러고 있을 거냐?"고 몰아붙일 때 이들은 버릇처럼 "내버려둬라. 난 지금이 좋다.(이렇게 살다 죽을 거다.)"라고 말한다. 과연 그럴까? 고립·은둔하는 사람들은 곁에서 보는 것처럼, 그리고 이들이 말하는 것처럼 정말 편안하기만 할까?

고립·은둔 상태에 있거나 혹은 그 상태에서 벗어난 사람들은 공통적으로 "단 하루도 편안하지 않았다."라고 말한다. **매일매일 괴로웠고, 매 순간 불안했고, 언제나 세상으로 나가고 싶었고, 그런데도 꼼짝 못 하는 자신이 미치도록 밉고 한심했다고** 말한다. 편안함과는 거리가 먼 이들의 마음은 탈고립·은둔자들의 말에 더욱 분명하게 담겨 있다. 고립·은둔에서 벗어난 사람들은 '다시 예전의 상태로 돌아갈까 봐' 가장 두려워한다. 이들은 '죽고 싶을 만큼 힘들었던' 그 시간으로 다시는 돌아가고 싶지 않다며 진저리를 친다.

은톨이들에 대한 오해는 인간 존재에 대한 오해에서 기인한다. 우리는 먹을 것, 입을 것, 몸 누일 공간이 해결된다 해서 자동적으로 편안함과 행복을 느끼는 존재가 아니다. 우리는 사람 사이에서 관계를 맺고, 사랑과 인정을 받고, 성취하고 기여하며 비로소 살아 있음을 느끼는 존재이다. **고립·은둔은 바로 그 인간다움의 단절**이기 때문에 그 상태가 지속되면 결코 마음 깊이 편안할 수 없다.

5. 고립·은둔은 정신질환이다?

고립·은둔 상태에 있는 경우, 특히 그 시간이 길어지고 관계가 더욱 단절되는 되는 경우, 다양한 정신의학적 이슈가 발생하기도 한다. 낮과 밤이 바뀐 생활이 계속되면서 불면증이나 수면장애가 나타나고, 거식증이나 폭식증 같은 섭식 문제를 경험하기도 한다. 또는 자신의 미래나 사람과의 관계를 둘러싼 주제에 극도로 예민하게 반응하며 심각한 불안이나 우울을 호소하기도 한다. 이들은 때로 질병에 걸릴지도 모른다는 공포를 느끼고 위생 상태나 정리정돈에 집착하거나, 사소한 질서와 규칙이 깨지는 것에 격한 반응을 보이기도 한다. 가장 심각하게는, 함께 생활하는 가족과 갈등이 고조되다가 이성을 잃으며 언어적, 물리적 폭력 사태를 일으키기도 한다.

이런 다양한 문제 행동을 목격하면서 가족이나 주변 사람들은 고립·은둔 청년들이 정신의학적 문제가 있는 것이 아닌가 생각하곤 한다. 이러한 생각은 대체로 다음과 같은 갈래로 뻗어나간다. 고립·은둔은 시급히 치료가 필요한 명백한 정신질환이다, 정신질환에 걸려서 고립·은둔 상태가 되어버린 거다, 고립·은둔은 분명 신경생물학적인 부분(뇌)에 문제가 생겨서 나타나는 것이니 병원에서 치료를 해야 한다……. 결론부터 말하면, 이에 대해서는 단정적으로 옳고 그름을 말하기 어렵다.

일본에서 처음 청년의 고립·은둔을 사회적 문제로 보고 개념을 정리한 바에 따르면, 분명한 신체적, 정신적 질병으로 인해 고립·은둔 상태가 발생한 경우는 범주에서 제외한다고 명시하고 있다. 고립·은둔을 **질병이 아닌 하나의 사회 현상이나 상태**로 보는 것이다. 예를 들어 학교중퇴는 하나의 사회 현상이며 동시에 학교를 그만 둔 '상태'이지, 질병에 걸린 것이 아닌 것과 마찬가지이다. 이와 같이 대부분의 전문가는 고립·은둔을 정신의학적 질병으로 인한 결과와는 구분하는 편이다.

원인을 다르게 보면 개입과 해결 방법도 달리 보게 된다. 그런데 현장에서 이 청년들을 만나다 보면 정신의학적 질병과 고립·은둔의 관계가 모호하게 여겨지는 경우가 꽤 있다. 앞서 언급했듯 고립·은둔 상태가 지속되면서 다양한 정신의학적 증상과 유사한 행동이 발현되기 때문이다. 하지만 이런 경우에도 전후 관계를 잘 생각해봐야 한다. 우리도 사회에서 상처 받고(예를 들어, 학교폭력, 직장 내 괴롭힘, 친구의 배신, 간절히 원하던 진로 실패 등), 오랜 시간 고립 속에 놓이고, 불건강한 일상을 살다 보면 우울, 불안, 불면과 같은 크고 작은 정신의학적 문제를 겪을 수 있다. 이와 같이 고립·은둔 상태가 지속되면서 정신의학적 문제가 동반될 수 있다.

내가 이 주제에 특히 초점을 두는 이유는 고립·은둔을 정신의학적 질환으로 확신하고 이에 맞는 해결책을 찾으려는 부모를 꽤 자주 만나기 때문이다. 한 부모는 이렇게 말했다. "(내 아이가) 정신병에 걸린 게 틀림없다. 뇌에 문제가 생긴 거다. 그러니 뇌를 고치는 병원에 가서 치료를 해야 한다."

부모들의 답답한 심정을 모르는 바는 아니다. 하지만 백 번 양보해서 고립·은둔이 명백한 뇌의 문제나 정신병적 결과라고 해도, 이를 속 시원하게 치료해줄 치료법은 현재 없다. 지금 할 수 있는 것은 각각의 증상을 완화해주는 약을 복용하고, 그러면서 고립·은둔을 유발하고 촉발했을 요인들을 찾고, 그 요인을 제거하며 이들이 사회로 한 걸음 한 걸음 내디디도록 도와주는 노력이다. 그러니 결국 해결 방식이 같아진다.

가족과 주변 사람들의 답답한 마음을 공감하기에, 나 역시 이렇게 바랄 때가 있다. 언젠가 약물이나 의료 기술이 개발되어 고립·은둔 상태가 한번에 나아지고, 다시는 그런 상태로 돌아가지 않는 기적과도 같은 때가 오기를 말이다. 하지만 내가 아는 한 역사상 인간의 심리적 어려움이 그렇게 간단히 해결된 적은 없다. 인간은 간단히 **수리**될 수 있는 존재가 아니며,

우리가 갖고 있는 복잡성과 다양성에 비해 이를 이해하려는 우리의 지혜와 지식의 발전은 더디다. 많은 고립·은둔 청년들은 뇌가 망가져서가 아니라 **마음의 무너짐**으로 절망하는 것이다. 그렇기 때문에 고립·은둔의 원인을 정신질환으로 돌려 접근하면 한계에 부딪힐 수밖에 없다.

나와 내가 속한 세상,
두 개의 세계

"자꾸만 '네가 하고 싶은 걸 하라'고 얘기하세요.

부모님도 주변 모든 어른들도요. 그런데 내가 뭘 원하는지

모르겠어요. 하고 싶은 게 아주 없지는 않지만 뚜렷하지도

않고, 그걸 생각하면 가슴이 별로 뛰지도 않아요. 그냥

저는 수많은 사람들 중 한 명처럼 살고 있지만, 그런

수많은 사람들과는 다른 점이 있긴 할 텐데요. 나는 나대로

생각하고 느끼는 사람이지만, 내가 누구인지 생각해보려

하면 머리만 아프고 이러는 사이 나만 도태될 것 같아

불안해서 미치겠어요. 왜 나는 바보같이 내가 원하는 것조차

모를까요?"

"이제까지 참 열심히 살아온 것 같아요. 초등학교에서 중학교로, 중학교에서 고등학교로, 고등학교에서 대학교로……. 당연히 가야 하니까, 남들 다 가니까, 그리고 열심히 하라고 하니까, 그냥 계속 다음 단계 다음 단계로 넘어온 것 같아요. 생각해보면 어떻게 그럴 수 있었을까 싶어요. 매번 전속력으로 100미터 달리기를 한 기분이에요. 그렇게 헉헉 달려왔는데, 눈앞에는 또 수많은 과제들이 보여요. 졸업, 취업, 결혼, 안정된 중년……. 어느 것도 자신이 없고 무엇보다 문제는 내게 남은 에너지가 별로 없다는 거예요."

고립·은둔 청년들이 자주 호소하는 말들이다. 그 앞에 앉은 상담가로서, 그들의 고통이 안쓰럽다. 무엇이 힘들다고 명료하게 설명하는 것조차 어려워하는 그들의 한숨에 함께 눈물을 흘릴 때도 많다. 내가 만나온 청년 중 일부는 학교도 다니고 친구도 만나고 취업 준비도 하고 직장도 다니지만, 이들은 공통적으로 **나 자신이 누구인지 모르겠다**고 한숨을 쉰다. 이런 하소연이 스스로도 납득하기 어려운지, 자신이 정상적인 고민을 하는 거냐고 내게 묻기도 한다. 돌아보면 열심히 살았다고 스스로도 인정하는데, 왜, 무엇을 위해 그렇게 살아왔는지는 모르겠다는 생각이 드는 현재의 상태를 어떻게 말로 설명할 수 있을까. 질문은 드는데 그 질문을 해도 되는지 혼란스러운 기분⋯⋯.

청년들은 왜 이렇게 호소할까? 많은 이들이 매 순간 원하는 방향을 향해 살고, 원하는 것을 이루기 위해 노력하지 않는가? 모두 그렇게 사는 게 아닌가?

아니다. 현장에서 많은 이들을 만나지만, 자신이 원하는 것을 비교적 또렷하고 구체적으로 알고 그것을 향해 삶을 꾸려가는 사람은 생각보다 많지 않다. 전체적인 삶의 방향은 생각한다 하더라도, 일상에서 만나는 수많은 선택의 지점에서 '내가 원하는 것은 이거야'라고 선명하게 인식하는 경우는 그리 많지 않다.

우리 삶은 **나**와 **나를 둘러싼 세상**이라는 두 개의 세계로 구성된다. 우리는 이 두 세계 중 세상에 대한 이해와 공부는 비교적 열심히, 그리고 지속적으로 하는 편이다. 세상에 던져지는 신생아기부터 우리는 자신이 속한 세상에 대해 알려고 애를 쓴다. 엄마나 양육자가 누구지? 내가 어떻게 해야 그들이 나를 따뜻하게 안아주지? 그들과 소통하기 위해 나는 어떤 언어를 배워야 하지? 이런 질문들도 나를 둘러싼 세상에 초점을 맞췄기에 시작되는 것이다. 학교에 들어가면 더욱 본격적인 세상 공부가 시작된다. 인류 역사를 통해 축적되어왔고 세상을 살아가는 데 필요한 정보와 지식들이기에, 알려주는 대로 열심히 읽고 쓰고 셈하고 배워나간다. 빠르게 변해가고 새로운 것들이 계속해서 만들어지는 이 세상에 대한 공부는 우리를 번번이 무력하게 만들지만, 그래도 뒤처지지 않고 세상에 잘 적응하기 위해 애써서 공부하고 배운다. 이러한 '세상에 대한 공부'와 비교할 때, 우리는 **'나에 대한 공부'**에는 과연 얼마나 많은 노력을 기울일까?

현장에서 만난 많은 청년들은 세상을 알기 위해 온 힘을 쏟는다. 지금 세상에서 잘나가는 직업이 뭔가, 어떤 직업이 삶에 편안함을 주나, 좋은 재테크 방법은 뭔가, 이력에 중요한 자격증이 뭔가, 더 필요한 스펙은 뭔가…… 청년들이 전해준 얘기를 적다 보니 모든 것이 취업과 돈으로 귀결되는 '세상 알기'인 듯해서 더욱 슬퍼진다. 내가 학교와 상담 장면에서 만난 많은 청년들은 이른바 세상에 적응하기 위해 젖 먹던 힘까지 쥐어짠다. 물론 이런 노력이 비판받을 일은 아니다. 그들은 성인기 삶의 시작점에서 세상에 잘 적응하기 위해 진지하게 노력하고 있고, 이런 노력은 칭찬받아 마땅하다. 그런데 안타까운 것은 더 중요한 것이 빠졌다는 점이다. 그렇게 열심히 사는데 청년들은 왜 불면의 밤에 시달리고, 눈물 흘리고, 할 일은 많은데 손끝 하나 움직이기 어려울 만큼 무력감을 느끼는 것일까?

이들은 누군가가 그들의 과거, 현재, 미래를 조정하고 팔

다리를 움직여 살아가게 하는 것 같다고 말한다. 문제는 이렇다. 세상을 알고 세상에 적응하려는 노력과 달리 **자신을 알고 자신에게 적응하려는 노력**이 턱없이 부족한 것이다. 이런 말을 하면 이들은 마치 머리를 얻어맞은 사람처럼 멍하게 묻는다. "내가 누군지를 알아야 한다고요? 그게 중요하다고요?"라고.

이 질문은 청년기에만 찾아오는 것이 아니다. 많은 이들이 살면서 마음속에 떠오르는 질문들을 자주 외면한다. 나는 누구이고, 내게 어떤 특성이 있는지, 나는 어떻게 살고 싶은지. 이 어려운 질문과 그것을 맞닥뜨렸다는 인식은, 일상의 과제에 치여 정신없이 살아가는 우리에게 그리 유쾌한 경험은 아니다. 학교 가야 하고, 중간고사가 다가오고, 수능이 코앞이고, 대학부터 들어가야 하고, 학점 관리해야 하고, 취업 준비를 해야 하고, 친구들이 다 자격증 준비하니 나도 응시해야 하고……. 그뿐인가? 칭찬받는 학생이어야 하고, 자랑스러운 아들이어야 하고, 속 썩이지 않는 딸이어야 하고, 인정받는 선배, 후배여야 하고, 믿음직한 조카, 손자, 손녀여야 하고, 혹은 엄친딸, 엄친아여야 하고, 잘나가는 이웃집 아들, 딸이어야 하고……. 나에 대한 이해와 인식을 외면해도 되는, 혹은 외면해야 하는 이유는 도처에 널려 있다. 우리는 나를 기다리는 **사회의 요구에 먼저 적응하기 위해** 자기 인식을 미루고 미룬다.

안타깝게도 인간은 '세상 이해'만으로 삶의 평온을 얻기 어렵다. 세상에 대한 이해와 적응만으로 삶을 채울 때 우리는 '더는 못 참겠다'의 상황을 경험하게 된다. 빈껍데기로 살아가는 듯한 공허함, 우울, 삶의 방향 상실, 무력감, 불안, 그리고 때론 자신을 그렇게 만든 주변 사람과 스스로에 대한 분노……. 그렇게 불건강한 심리 상태가 물밀 듯 찾아오는 시기를 맞기 쉽다.

우리에게는 **균형**이 필요하다. 우리 삶을 이루는 두 세계 속에서 살아가면서, 세상을 알고 나를 세상에 맞추는 것만이 아니라 **나를 알고 나에게 세상을 맞추는 노력**, 그러한 **동화와 조절** 속에서 우리는 비로소 삶의 균형을 잡을 수 있다. 특히, 전보다 더욱 빠르게 변해가는 세상에서 나의 미래가 오리무중 안개 속이라 느낄 때, 우리는 스스로 놓치고 있는 것이 무엇인지 자신을 더 가까이 들여다봐야 한다. 나는 어디로 가려고 했고 어디로 가고 싶은지. 나의 특성과 내가 귀하게 여기는 가치들이 무엇인지 이해하는 것은 안개 같은 삶에서 나침반이 되고 등대가 될 수 있다.

잠시라도 전력 질주 100미터 달리기를 멈추고 생각해보면 좋겠다. 더 빨리 뛸 방법에 대한 고민이 아니라 내가 **왜 뛰고 있는지**에 대해서 말이다. 도대체 왜 죽을힘을 다해 뛰고 있는지, **어디로 가고 싶어서 뛰고 있는지**에 대해, 자신에게 친절하게 묻고 대답할 시간을 주면 좋겠다.

맞는 선택과 좋은 선택 사이에서

그림이 하나 있다.

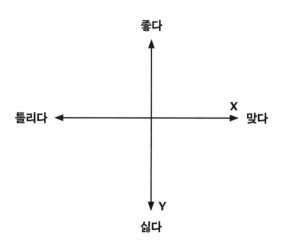

수학 교과서에서 자주 보았던 좌표평면 그래프처럼 보일 것이다. 그렇지만 수학 얘기를 하려는 게 아니다. 우리 **삶의 중요한 선택을 위한 기준**에 대한 이야기이다.

각 축에는 이름이 달려 있다. X축은 '맞다-틀리다'를 살피는 기준으로, 왼쪽으로 갈수록 '틀리다', 오른쪽으로 갈수록 '맞다'의 의미를 담는다. Y축은 '좋다-싫다'에 대한 기준으로 아래쪽으로 갈수록 '싫다', 위쪽으로 갈수록 '좋다'의 의미를 담는다.

어떤 사람이 진로를 선택한다고 하자. 그는 고민하며 이렇게 되뇐다.

'내가 이 진로를 생각하는 게 맞나?'

'지금 시대에 이런 직업을 선택하는 게 괜찮은 걸까?'

'우리 집 형편상 이런 진로를 꿈꾸는 게 맞나?'

'내 능력상 이런 진로를 계획하는 게 맞는 걸까?'

'이 직업을 선택하면 좋은 결과가 나올까?'

'내가 이 진로를 선택하면 주변 사람들이 뭐라고 할까? 사람들한테 인정받을 수 있을까?'

'이 진로는 전망이 별로인 거 아닌가? 내 선택이 잘못된 거면 어떡하지?

'이 직업을 위해 지금 내가 이런 준비를 하는 게 맞나?'

'이런 준비를 해도 괜찮을까? 내 판단이 틀리면

어떡하지?'…….

이 사람이 하는 말은 공통적으로 맞는가 혹은 틀리는가
와 관련되어 있다. 이 진로와 직업의 전망이 좋은지, 실패할 확
률이 낮은지…… 마치 수학 문제를 풀듯 정답을 고민하고 있다.
결정해야 할 삶의 주제를 X축 위에 올려놓고 왼쪽과 오른쪽
중 어느 부분에 점이 찍히는지, 즉 그 **선택의 옳고 그름**을 살피
는 것이다.

삶에서 어떤 선택을 할 때, 혹은 원하는 것을 얻기 위한
세부적인 준비를 할 때 우리는 위와 같은 질문을 많이 한다. 옳
고 그르고를 질문하면서 내 판단의 타당성을 점검하고 선택에
따른 결과를 점친다. 성과를 최대화하고 리스크를 최소화하기
위한 계획을 세워나간다. 그런 점에서 X축을 따라 선택의 옳
고-그름, 맞다-틀리다를 따지는 것은 전혀 잘못된 것이 아니
다. 이런 고려가 없다면 어떤 목표와 계획을 세워도 실현 가능
성 없는 허황된 선택과 준비가 되기 쉽다.

그런데 X축을 열심히 고민하는 동안 우리는 Y축에 대해
서는 얼마나 고민하는가? 한 사람의 '살고 싶은 삶'에 견주어봤
을 때, Y축은 욕구, 흥미, 감정, 소망 등을 묻는 기준, 즉 좋은가,
좋지 않은가를 살피게 한다. 같은 고민거리를 두고 Y축을 기준

으로 본다면 아래와 같은 질문들이 생겨날 것이다.

'나는 이 진로를 원하나?'
'지금 시대에 어떤 직업을 가져야 내가 원하는 바를 이룰 수
있나?'
'우리 집 형편을 고려해서 어떻게 해야 내가 꿈꾸는 진로를
택할 수 있나?'
'내가 원하는 진로를 택하기 위해 어떤 준비를 해야 할까?'
'이 직업에서 내가 원하는 좋은 결과를 얻으려면 어떻게 해야
하나?'
'내가 이 진로를 선택하면 나는 얼마나 만족할까?'
'이 직업을 위해 지금 나는 어떤 준비를 하고 싶은가?'
'결과가 좋지 않을 때 나는 다시 무엇을 준비하고
싶나?'…….

이런 질문들은 고민거리를 Y축 상에 두고 위(좋다)와 아래
(싫다)를 오가며 자신의 **원함(want)**이 어디에 찍히는지를 살피
는 것이다. Y축 기준을 따른다는 것은 이성적 판단(judgment)
을 고민하는 X축 기준을 따르는 것과는 사뭇 다르다.
삶에서 마주하는 다양한 선택 앞에서 내가 어떤 축을 많
이 고려하는지를 한번 살펴보자. 삶의 선택들은 직업 선택이

나 배우자를 찾고 결혼하는 것 같은 크고 무거운 주제만 있는 것이 아니다. 매일의 일상에서 작지만 끝없이 선택들이 이어진다. 휴가 계획을 세우거나, 대인 관계를 맺거나, 약속을 잡거나, 친구와 대화하거나, 직장 동료를 대하거나, 식사 메뉴를 고르거나, 취미 생활을 시작하거나······. 그리고 여기서 우리는 어떤 선택의 기준을 잡는다. 내가 어떤 기준에 따라 결정을 내리는지를 살펴보려면, 내가 되뇌는 말을 살펴보는 것이 도움이 된다. 내 문장 안에 맞다-틀리다가 많이 들어 있는지 혹은 좋다-싫다가 많이 들어 있는지를 살펴보는 것이다.

한 아이가 있다. 아이에게 다음과 같은 질문을 했다.

"너는 시간이 날 때 주로 뭘 하니?"

그 아이가 답한다.

"저는 노래를 불러요."

나는 다시 묻는다.

"그렇구나. 어떤 노래를 주로 부르니?"

아이가 자신이 자주 부르는 노래, 최근 부르는 노래에 대해 말한다. 흥미롭게 듣고 있는데, 그 아이가 갑자기 정색을 하며 긴장된 목소리로 말한다.

"그런데, 전 노래를 잘하진 않아요. 그래서 사람들 앞에서는 노래를 못 해요."

순간 멋쩍어진 내가 이렇게 말한다.

"나는 너에게 노래를 잘하냐고 물어본 적이 없는데…… 네가 노래를 자주 부르는 걸 보니 '**좋아하나 보다**'라고 생각하고 있었단다."

그렇다. 나는 아이의 밝은 표정과 명랑한 설명을 통해 'Y축'을 느꼈고 그 얘기를 나누는 것이 좋았다. 그런데 아이는 자신은 'X축'이 준비되지 않았다며 긴장했다. 마치 '좋아는 하지만 잘하지는 못해서' 뭔가 잘못됐고 미안하기까지 하다는 것이다. 아마도 그 아이는 주변 사람들에게서 끊임없이 '잘한다' '못한다', 즉 '맞다' '틀리다'의 기준으로 평가받아왔을 것이다.

일상에서 이런 경우를 정말 자주 본다. 학교에서 상담을 하며 나는 청년들에게 묻는다.

"어떤 삶을 살고 싶어요?"

이런 질문을 할 때 나는 그들의 X축에 대해서는 별로 관심이 없다. 자신의 삶에서 어떤 선택이 유리한지, 전망이 어떨지, 타인의 평가가 어떨지는 나보다 그들 각자가 훨씬 잘 알고 있고, 또한 필요한 정보라면 검색으로 충분히 얻을 수 있기 때문이다. 명료하게 말하진 않았지만 나는 그들의 Y축이 궁금하고 이 부분에 관해 대화를 나누고 싶은 것이다. 하지만 많은 경우 청년들은 내 질문에 대해 '옳거나 맞는' 답을 말하려 애쓴다.

부모의 기대, 가정의 경제 상황, 준비를 위해 필요한 투자(학원비, 시간 등), 직업 전망 등에 온통 초점을 맞추어 이야기한다. 그럴 때 나는 어린아이와의 대화 때와 비슷한 기분을 느낀다. "나는 당신에게 그 직업을 선택하는 것이 옳은지 그른지를 물어본 적이 없는데…… 당신이 그것을 준비하며 열정을 잃지 않은 걸 보니 '좋아하나 보다'라고 생각하고 있었습니다."라고.

간추려 말하면, X축은 **사회적 성취, 적응, 타인으로부터의 인정**에 대한 기준이고, Y축은 **개인의 만족감, 성취감, 행복**에 대한 기준이다. 따라서 삶의 선택들에서는 두 축 모두를 고려해야 하고, 두 축을 균형 있게 살펴 결정하는 것은 결정 당사자가 매우 건강하게 살고 있다는 증거이기도 하다.

내가 이제까지 현장에서 만나온 많은 청년들은 대부분 X축만을 삶의 기준으로 따르고 있었다. 어찌된 일인지 Y축을 기준 삼아 고민하는 경우는 많이 만나지 못했다. 청년들은 마치 Y축은 존재하지도 않는 것처럼(그런 건 알지도 못하는 것처럼), 하나의 기준에만 의지해서 삶을 고민하고 있었다.

그런데 앞서 말했듯 Y축은 개인의 열정, 만족감, 행복과 직결되는 요소이기 때문에, 이 축의 부재는 바로 무기력감, 허무함, 나아가 우울, 불안으로 이어진다. 대학교 상담 장면과 사회 속 다양한 만남 장면에서 정말 많은 청년들이 X축만을 붙

잡고 사는 모습을 보아왔다. 이에 늘 마음이 아팠다. 그리고 그 가장 극단적인 경우를 고립·은둔 청년에게서 보곤 한다. 은톨이들은 누구보다도 집요하게 X축을 따라왔고 그에 맞춰 자신의 생각, 정서, 행동을 점검하며 살아온 경우가 많다. 주변 사람과 사회가 '옳다'고 하고 자신의 눈에 '맞다'고 보이는 것을 이루는 데에 몰두해온 것이다. 그러는 동안 내가 무엇을 좋아하는지를 살피지 않았고, 이제는 자신이 무엇을 원하는지 느끼는 능력이 **퇴화**된 것 같은 상태에 놓였다. 그래서 그들은 고통스럽게 말한다. "내가 원하는 것이 뭔지 정말 몰라요. 그걸 묻는 게 제일 힘들어요."라고.

스스로에게 질문을 던져보자. 혹시 Y축에 대한 고려는 없이 X축만을 기준 삼아 살아오지 않았는지. 그리고 생각해보자. 내가 X축만을 좇아 결정을 내리고 실천하는 이유는 뭔가, 누굴 위한 것인가, X축만을 좇을 때 나는 내 삶에 만족하고 행복할까, 언제까지 열정을 유지할 수 있을까에 대해. 고립·은둔 청년을 포함해서 모든 청년들이 두 개의 축을 잘 돌보며 삶을 설계해갈 수 있기를 바란다. 서두르지 말고 의지하지 말자. 결국 내가 챙기고 돌봐야 하는 내 삶의 기준들이다.

늪에 빠진 사람들

― 고립 · 은둔에 대한 오해와 진실 2 ―

우리는 '모르는 것'을 '위험한 것'으로 이해하기도 한다. 많은 이들이 고립·은둔 청소년과 청년을 '위험하다'고 생각한다. 내가 현장에서 지켜본 고립·은둔 청소년과 청년들은 이런 오해와는 거리가 먼, 저마다의 특징을 지니고 살아가기 위해 분투하는 존재들이었다.

6. 잠재적 범죄자이다?

기억하는지 모르겠지만 2023년은 우리 모두를 경악하게 한 일련의 사건이 일어난 해이다. 정유정 사건*, 신림동 사건**, 서현역 사건*** 등 사건의 엽기성과 범행의 잔혹함, 모방범죄에 대한 우려 때문에 많은 이들이 한동안 패닉에 빠졌다. 그런데 이런 사건을 다루며 일부 언론과 전문가들은 범인의 '은둔' 히스토리에 주목했다. 범인이 잇따른 실패를 겪고 은둔 생활을 하던 중 사회에 대한 분노와 열등감이 폭발해 살인을 저질렀다거나, 취업 준비 등의 어려움으로 은둔 생활을 한 것이 범행의 결정적 원인이 되었을 거라거나, 범인은 자기 세상에 갇혀서 은둔하며 지내온 사람일 개연성이 높다, 같은 분석을 내놓은 것이다. 이런 추론들은 연결하면 "은둔형 외톨이는 사회와 사람을 증오하는 잠재적 '묻지마 범죄자'이다"가 된다. 그러나 이는 고립·은둔하는 사람들의 특성을 몰라도 한참 몰라서 하는 오해이다.

내가 만난 고립·은둔 청년들은 타인이 아닌 **자신에 대한 분노와 실망, 자책**에 대부분의 시간을 쓴다. "아무리 경쟁적이

● 2023년 5월 26일 부산광역시 금정구에서 정유정(23세, 여)이 자신과 연고도 없는 20대 또래 여성을 살해한 뒤 시신을 훼손하여 유기한 사건.

●● 2023년 7월 28일 서울 신림동에서 시민들을 대상으로 한 '묻지마 칼부림 사건' 발생. 범인(34세, 남)은 약 140미터를 뛰어다니며 시민 4명에게 흉기를 휘둘러 공격했고, 가장 처음 공격을 받아 약 18회 온몸이 찔린 20대 남성이 사망했다.

●●● 2023년 8월 3일 경기도 성남시 분당구 서현동의 한 백화점에서 범인(22세, 남)이 인도를 향해 차량을 돌진시켜 사상자를 낸 뒤 주변 행인에게 흉기 난동을 부려, 2명이 사망하고 12명이 부상을 입었다.

고 유능함만 강조하는 세상이라 해도 다들 평범하게 살아내는데, 그러지 못하는 내가 못난 거죠." 고립·은둔 청년들은 모두 비슷하게 이런 말을 자주 한다. 이런 특성은 앞에서 언급한 강력 범죄 사건의 가해자들이 보여준 사이코패스적인 공격성과는 전혀 닮은 구석이 없다. 사람을 만나지 않는다는 점을 제외하면 모든 면에서 사건의 가해자들과 너무나 다르다. 사건의 범인들이 사람을 만나지 않고 은둔한 것은 사실일 것이다. 그러나 그들은 '은둔했기 때문에 살인 사건을 저지른' 것이 아니라, 살인 사건을 저지를 정도의 공격성과 분노를 품고 있었기 때문에 고립·은둔할 수밖에 없었던 것이다. 즉, 사과는 빨갛지만, 빨간 것이 모두 사과는 아닌 것이다.

고립·은둔 상태에 있는 대부분의 사람들은 사회적 시선이 무서워 숨은 사람들이다. 이들에게 근거도 없고 논리도 서지 않는 프레임을 씌우면 이들은 더욱 방 안으로 숨어 들 수밖에 없다. 누군가에게 부정적 프레임을 씌우면 그들은 그 프레임에서 벗어나기 위해 그렇지 않음을 스스로 증명해야 한다. 이런 **자기 증명**은 누구에게나 가혹한 일이다. 특히 자신을 표현하고 주장하는 데 취약한 고립·은둔자들에게 이런 프레임은 감당하기 어려운 부당한 낙인이 된다. 이 오해는 개인과 가정과 우리 사회에도 매우 위험하다.•

7. 잘못된 양육 방식의 결과이다?

고립·은둔 자녀를 둔 부모(주 보호자)가 가장 힘들어하는 것은 자녀의 고립·은둔 자체일 것이다. 그런데 자녀에 대한 절절한 안타까움 못지않게 이들이 힘들어하는 것은, 부모로서 자녀를 고립·은둔하도록 만들었다는 **죄책감**이다. 나/우리의 잘못된 양육 태도, 어린 시절 자녀의 고통을 못 알아차린 불찰, 가족 간 불건강한 의사소통 방식, 과도한 기대와 요구, 무관심과 방치, 가족 간 갈등과 불화, 경제적 빈곤 등 이들은 자신들이 잘못했던 부분들을 곱씹으며 숱한 밤을 눈물로 지새우곤 한다. 그런 상태에서 혹여 '아니, 자녀를 어떻게 키웠길래……' 라는 시선과 손가락질을 받게 되면 부모들은 견디지 못하고 무너진다.

물론 가정과 가족 내 요인이 한 개인의 고립·은둔에 중요한 유발 요인 혹은 촉진 요인으로 작용하는 경우도 많다. 하지만 앞서 제시했듯, 이에 영향을 미치는 요인은 가정 안에만 있지 않다. 당사자 개인의 기질/성격적 특성, 교우 관계, 학교 환경, 입시 경쟁, 학교 폭력, 진학/취업 스트레스, 다양성을 인정

• 더 자세한 논의는 이 글에 담았다. "은둔형 외톨이가 '묻지마 범죄자'인가", 「중앙일보」, 2023. 8. 17.

하지 않는 사회 문화, 취업 전쟁 등 다수의 요인이 복합적으로 작용하며 고립·은둔에 영향을 미친다.

고립·은둔의 원인을 부모의 잘못된 양육 방식으로만 돌리는 것은 사실과는 거리가 멀다. 스스로도 깊은 회한의 날들을 보내고 있는데 이를 지적하는 타인의 피드백을 들으면 부모는 자신의 잘못이라 확신하고 과거를 더욱 반추하게 된다. 심한 경우 아픈 지적을 피하기 위해 자녀뿐 아니라 부모도 사회적 관계를 끊으면서 가족 모두 '외딴 섬'으로 살아가는 경우도 적지 않다.

위로와 격려가 필요한 것은 고립·은둔 자녀뿐 아니라 부모이기도 하다. 또한 부모는 고립·은둔 자녀를 도울 수 있는 중요한 **자원**이기도 하다. 따라서 그들이 건강함을 잃으면 자녀의 건강함을 돕는 역할을 해낼 수 없다. 타인의 잘못된 해석이 한 가정 전체를 사회에서 고립시킬 수 있다.

8. 유전이다?

고립·은둔의 다양한 요인 중 하나로 질문되는 게 유전적 요소이다. 한 사람이 고립·은둔하는 것을 보면서 혹자는 '타고난 경향성 때문 아닐까?' '유전적 요인 때문 아닐까?'라는 추측을 한다. 특히 한 가정 내 두 명 이상의 구성원이 고립·은둔할 때 이러한 오해는 심증적으로 더욱 굳어진다. 자주 있는 일은 아니지만 실제로 한 명의 자녀가 고립·은둔하면서 다른 자녀도 비슷한 상태가 되는 경우가 있다. 부모에게는 견디기 힘든 지옥이 펼쳐지고, 부모나 가족조차 우리 가족의 어떤 유전적 요인이 작용해서 이런 결과가 생겼는지를 의심하기도 한다.

결론을 말하면, 현재까지는 고립·은둔이 유전적 소인에 의해 발생한다는 근거는 나오지 않았다. 물론 한 개인이 예민성, 수동성 등의 기질적 요인을 타고났다면 고립·은둔을 자극했을 수 있다. 그렇다 하더라도 '타고났다'는 것이 '유전이다'와 같은 의미는 결코 아니다. 실제로 자녀가 여럿 있을 때 한 자녀만이 고립·은둔하고 다른 자녀는 사뭇 다른 대인 관계 양상을 보이는 경우가 많다. 또한 고립·은둔의 히스토리를 들어보면, 어린 시절(영유아기, 아동기, 심지어 청소년기)에는 매우 활발하고 리더십 있는 사람이었는데 특정 시기에 특정 사건을 계기로 고립·은둔하게 되었다는 경우도 매우 많다. 고립·은둔을 유전적 질환으로 받아들이고 환경 변화를 통한 회복을 소홀히 하게 되면 적절한 대응 시기와 적절한 해결책을 놓칠 수 있다.

9. 시간이 지나면 저절로 좋아진다?

고립·은둔 상태의 청소년이나 청년들을 접하면 일부 사람들은 '조금 저러다가 말겠지.' '자기도 답답하면 뭔가 하겠지.'라는 태도를 보인다. 특히 청소년 시기에 고립·은둔 상태가 되면 '사춘기니까 그렇겠지. 사춘기가 지나면 다 좋아지겠지.'라는 반응을 보이기도 한다. 고립·은둔 청소년과 청년 곁에 있는 나에게는, 일단 그들을 넉넉하고 여유로운 시선으로 바라봐준다는 점에서 고맙고 기쁘다. 그런데 정말 유의할 점이 있다. 현재의 고립·은둔 상태가 얼마나 심각한지, 이 상태를 악화시키는 요인들이 있는지를 면밀하게 살펴본 뒤에 이런 태도를 취해야 한다. 만일 대상자가 가벼운 정도로 칩거하며 휴식을 경험하고 있다면, 이런 청년들은 시간이 지나 사회로 쉽게 돌아갈 수 있을 것이다. 하지만 일상(수면, 섭식, 위생 상태 등)과 건강 상태가 무너지고, 가족과도 관계를 맺지 않고, 문제를 회피하며 생활하는 상황(게임, 영상 시청 등)이라면 이는 시간이 해결해줄 상태가 아니다.

여러 번 강조했듯이 고립·은둔은 늪에 빠진 것과 비슷한 상태이다. 늪에서는 팔다리를 버둥거리며 나오려고 노력할수록 몸이 더욱 깊이 빨려 들어간다. 주변에서 '그까짓 것 마음만 먹으면'이라든가 '정신 차리면 혼자서도'라는 식으로 대응하는 것은 고립·은둔 청년을 더욱 깊은 늪 속으로 밀어 넣는 것과 같다. 이런 대응은 초기의 골든타임을 놓치고 고립·은둔을 길어지게 만들기도 한다. 이 친구가 무릎 높이의 얕은 물가에 있는 건지, 목까지 잠긴 물속에서 호흡이 위태로운 건지, 혹은 늪에서 허우적거리며 점차 더 깊이 빠져 들어가고 있는 건지 주의 깊게 살펴야 한다.

10. 방 밖으로 나오면 문제 해결이다?

고립·은둔하던 사람이 진학, 취업의 의지를 보이거나 어떤 형태로든 사회 참여와 진출의 의지를 보일 때, 우리는 드디어 고립·은둔 상태가 끝났다고 착각하기 쉽다. 아니다. 이때가 더 세심하게 돌보고 함께해줘야 하는 시점이다. 고립·은둔 청년의 관점에서 생각해보자. 오랜 기간 고립되어 있다가 다시 세상으로 나가는 준비를 하려 한다. 의욕도 생기고 기대도 되지만, 동시에 불안, 초조, 걱정, 근심이 한가득이다. 그동안 세상이 얼마나 변했을지, 나의 준비 없음과 미숙함이 얼마나 여실히 드러날지, 내가 잘해낼 수 있을지, 세상이 나를 받아들여줄지, 내가 혹시 지난번처럼 도망치지 않을지, 좌절하고 다시 고립·은둔하게 되지 않을지……. 나를 짓누르는 무게에 심지어 '그냥 이대로 지낼까?'라는 마음까지 든다. 그러니 주변 사람들이 그 마음을 헤아려주지 못하고 단순하게 건네는 응원과 격려가 이들을 더욱 외롭게 만들 수 있다. 응원하고 격려해주는 사람을 실망시키지 않기 위해 괜찮은 척을 해야 하는 부담도 더해질 수 있다.

다행히 모든 부담을 이겨내고 계획대로 사회로 나갔다 해도 이를 고립·은둔의 종결로 보아서는 안 된다. 다양한 연구가 보여주듯이 탈고립·은둔자들 중 다수는 비교적 짧은 기간 안에 **재고립·재은둔** 경험을 한다. 한 번 고립·은둔하면 계속해서 그 굴레에서 벗어나지 못한다는 이야기가 아니다. 그 상태에서 안전하게, 더 지속적으로 벗어나기 위해서는 준비가 필요하다는 뜻이다.

이를 위해서는 진학이나 취업 등 특정 조직에 들어가는 것만을 탈고립·은둔의 목표로 삼아서는 안 된다. 그보다는 이들이 자신이 세상 속에서 갖는 가치를 회복하는 것이 중요하다. 또한 나를 이해해주고 수용해주는 사람과 따뜻한 대인 관계를 경험하고, 그런 사람과 지속적인 관계를 유지하는 것이 필요하다. 이런 준비가 없다면 그들은 광야에 내동댕이쳐지는 기분을 느낄 수 있고, 자신을 다시 방 안에 가둘 수 있다. 방 밖으로만 나가면 된다며 학교, 직장, 동아리에 밀어 넣는 것이 아니라, 이들이 **자기 스스로의 힘을 믿는 경험**을 하게 하는 것이 먼저다.

고립·은둔이 길어질 때

— 은톨이가, 그리고 사회가 겪는 어려움 —

누군가는 이런 질문을 할 수 있다. "왜 우리 사회가 고립·은둔 청소년, 청년을 도와야 하는가?" 한 개인의 문제가 사회 전체에 어떤 어려움을 주기에 모두 함께 나서서 이들을 도와야 하는지에 의문을 갖는 것이다. 고립·은둔의 원인 중 상당 부분이 개인 요소를 넘어 가정과 사회로부터 왔다는 것을 인정한다 하더라도, 그 부정적 결과가 **우리 사회에 어느 정도 영향을 주는지** 감이 잡히지 않는다고 고개를 갸웃거리기도 한다. 이러한 질문들에 대한 답을 조금 정리해보자. 이를 살펴보며 고립·은둔이 '한 개인의 어려움'이 아니라, 한 사회 속에 속해 있는 '**우리 모두의 어려움**'임을 알게 될 것이다.

은톨이의 어려움

<u>신체적, 정서적 불건강</u>

고립·은둔 상태에 빠지고 이 상태가 길어지면 신체적, 정서적 불건강 문제가 두드러진다. 사회적으로 고립된 아동은 그렇지 않은 아동에 비해 성인기에 이르러 신체 건강이 나빠질 위험이 높고, 특히 성인기의 사회적 고립은 추후 심혈관계 건강 위험(과체중, 비만, 고혈압 등)을 높일 수 있다(김성아 외, 2022). 또한, 아동기의 사회적 은둔은 청소년기 대인 관계를 어렵게 만드는 요인으로 작용하고, 그러면서 청년기 우울증 진단 위험을 높일 수 있다. 연쇄 작용처럼, 청년기 우울증은 후에 사회적 고립 위험을 높이는 결과를 초래하기도 한다(Katz, Conway, Hammen, Brennan, & Najman, 2011, 김성아 외, 2022 재인용).

<u>대인 관계의 악순환, 그리고 사회적 성취의 어려움</u>

아동기, 청소년기의 고립과 은둔으로 인해 언어 특성이나 행동이 또래집단의 특성과 뚜렷하게 달라진다면, 은톨이가 학교에서 또래와 어울리는 데 어려움을 겪을 수 있다. 그리고 이런 어려움으로 인해 또래로부터 괴롭힘을 당할 위험이 높아지고 다시 사회적 은둔과 고립으로 빠질 수 있다(Levinson,

Langer, & Rodebaugh, 2013, 김성아 외, 2022 재인용).

이와 비슷하게 학령기에 학교에서 고립되는 경험을 하는 아동, 청소년들은 사회적 효능감이 낮아져 이로 인해 불안을 느끼고 사회적 은둔을 경험할 수 있다(Kvarme et al., 2010, 김성아 외, 2022, 재인용). 사회적으로 은둔하게 되면 결국 관계를 맺는 기술과 요령을 배울 중요한 기회를 놓치는 것이기 때문에, 인생 전반에 걸쳐 **사회적 관계망**을 구축하는 데 부정적인 영향을 미칠 수 있다.

넓은 사회적 관계망을 갖는 것은 한 사람에게 더 큰 사회적 기회가 주어지는 것(Thompson, 2011, 김성아 외, 2022 재인용)이나 마찬가지이다. 그런데 아동, 청소년기에 은둔과 고립을 경험한 사람들은 사회적 관계망이 심각하게 결핍되는 경우가 많고, 이러한 사회적 **관계 자본** 부족이 성인기에 고용 문제로 이어지기도 한다. 결국 어린 시절에 겪은 관계의 어려움 때문에 고립·은둔 당사자는 교육 성취도가 낮거나, 성인기에 이르러 종사하는 직업의 사회경제적 지위가 낮거나, 스트레스로 인한 흡연, 비만, 심리적 어려움을 겪을 위험까지 높아질 수 있다(Lacey, Kumari, & Bartley, 2014, 김성아 외, 2022 재인용).

기간이 길어질수록 더 악화되는 특징

조금씩 사회적 관계를 시도하던 고립 상태에서 그 기간

구분	은둔 생활 입성기	은둔 생활 중반기	은둔 생활 후반기
특징	• 사회적 활동 및 관계 자발적 철회 • 휴식의 형태	• 은둔 생활의 만성화	• 은둔 생활 철회를 위한 저항감 상승 • 은둔 탈피를 위한 구조 요청
정서 변화	• 안락함	→ • 통제감 상실, 두려움 • 공포, 자책감	→ • 심각한 정서적 괴로움 • 좌절, 절망감 증폭
행동 변화	• 관계 단절 및 칩거	• 가족과 갈등 심화 • 주변 환경 방치	• 자살 시도 • 적극적이고 신속한 구조 요청

은둔 생활 단계에 따른 특징과 변화●

이 길어지거나 관계를 거의 단절하는 은둔 상태가 되면, 초기와 달리 당사자에게 점차 부적응적 습관이 많아지고 그 때문에 고립·은둔 상태에서 더욱 벗어나기 어렵게 된다. 위의 표에서 볼 수 있듯이, 초기 단계에는 자발적으로 사회적 관계를 단절하고 칩거하면서 복잡한 대인 관계에서 벗어나 휴식과 안락함을 느끼기도 한다. 하지만 고립·은둔이 **만성화**되면서 은톨

●   김성아 외(2022). 『고립, 은둔 청년 지원사업 모형개발 연구』, 한국보건사회연구원, p. 52.

이는 가족을 포함한 사람들과 관계 맺기를 유예하고 일상생활을 방치하게 되고, 그런 상황에서 벗어나고 싶어도 그러지 못한다는 통제감 상실과 두려움, 공포, 자책감 등에 시달리게 된다. 안타깝게도 이 상태에서 벗어나지 못하고 은둔이 더욱 깊어지면, 자살 시도를 할 정도로 절망하고 타인의 적극적인 도움을 원하고 필요로 하면서도 여기에 저항하며 외부에서 이들을 돕기가 더 어려워진다. 당사자들은 '내 상태가 더 나아진 후 세상으로 나가겠다'라는 처음의 계획과는 점점 멀어지며 침잠하고, 사회에 참여하려는 시도 자체를 포기하는 상태에 빠지기 쉽다.

사회의 어려움

가족 구성원의 사회적 고립

고립·은둔은 당사자에게만 상처를 남기지 않는다. 가족 구성원 내 한 명이 고립·은둔 상태가 되면 다른 구성원 또한 일상적인 사회관계를 단절하는 경우가 많다. 예를 들어 자녀가 고립·은둔하는 경우, 많은 부모들이 친지나 친구 모임 혹은 취미 활동 등을 끊어버린다. 심지어는 아이는 방 안에 있는데 나머지 가족들만 삶을 즐기는 것이 부당하다는 죄책감을 느끼며 외출이나 여행을 하지 않고 은둘이 당사자와 거의 비슷한 고립 상태로 지내기도 한다.

특히 주변 사람들이 자녀의 고립·은둔을 두고 부모가 아이를 잘못 양육한 탓이라고 직간접적으로 비난하는 경우, 부모의 사회적 고립은 더욱 심해진다. 집단주의 문화가 강한 한국에서 한 사람의 성취는 개인의 것을 넘어 가족 전체의 자부심이 된다. 아이의 성적이 우수하거나 좋은 대학에 가거나 좋은 직장으로 취업하면 부모뿐 아니라 주변 사람들이 이를 부모의 성공과 면류관으로 여긴다. 반대로 한 개인의 은둔이나 고립은 가족 전체의 수치심이나 죄책감으로 이어진다. 자녀가 은둔이나 고립하는 경우, 혹은 그 때문에 자녀의 사회적 성취가 지연되거나 사회적으로 내세울 것 없는 상태에 머무를 때, 부모는 '자식을 잘못 키웠다'라는 평가를 받으며 문제를 해결할 때까지 건강하고 행복한 삶의 모든 과정을 미루고 숨어드는 경우가 잦다.

은둘이의 다른 형제자매도 어려움을 겪을 수 있다. 한 사람이 고립·은둔하며 집안 분위기가 우울해지면 다른 아이도 자신의 욕구를 표현하지 못하며 위축되거나, 부모의 고통을 덜어주기 위해 과도하게 순응하기도 한다. 또한 형제자매의 고립·은둔을 숨기기 위해 이런 문제가 노출될 만한 사회적 관계를 끊는 등 건강하지 않은 성장기를 보낼 가능성이 생긴다.

그렇게 고립·은둔 당사자뿐 아니라 가족 모두가 사회와 단절되어 '고립된 섬'이 되면서 도움을 받을 수 있는 사회적 관계망은 점점 더 좁아지게 된다.

사회적 비용

은둔의 장기화는 가정 붕괴, 실업 문제, 고독사, 자살과 같은 사회 문제를 일으킬 수 있다. 또한 청소년 및 청년기의 경제, 사회 활동이 저하되어 사회·경제 시스템에 부정적 영향을 끼치고 사회 전체의 활력을 떨어트린다.

경제적 차원에서 살펴보면 우리 사회가 고립·은둔에 지불해야 하는 사회적 총비용은 1인당 약 15억 원으로 추산된다(김성아, 2022). 이는 은둔 시작 나이를 만 19세로 가정하고 기대 여명을 고려하여 사망 시점까지 생계 급여와 의료 급여, 주거 급여 같은 공공 부조로서 지원액, 그리고 경제 활동을 해 납세를 했을 때 기여분을 합산한 비용이다. 또한 청년이 경제 활동을 포기하는 데에 따르는 경제적 손실은 약 6.7조원, 건강 및 복지 등 부양 비용은 2천억 원 이상으로 추정된다(보건복지부, 2023). 최근 많은 지자체와 정부 당국에서 공적 자금을 동원하여 고립·은둔 청소년과 청년을 돕는 지원책을 펼치고 있다. 여기에 필요한 인적, 물적 비용 역시 고민하지 않을 수 없다.

주의할 문제들

이렇게 개인·가정·사회에 어려움을 주는 고립·은둔의 부
정적 결과를 막기 위해서는 우리 모두의 섬세한 공동 대응이
필요하다. 이를 위해 바로잡아야 할 일상 속 착각과 실수에 대
해 살펴보자.

만성화, 장기화를 경계하기

고립·은둔에 대한 당사자와 주변 사람들의 가장 큰 오해
중 하나는 **시간이 가면 저절로 나아질 것**이라는 생각이다. 그
러나 고립·은둔은 자연스럽게 치유되거나 호전되기 어렵다.
앞서도 이야기했듯 초기에 가볍게 시작된 고립이나 은둔 상태
가 적극적 노력이나 도움이 없이 만성화되고 그러면서 당사자
의 연령이 높아지면, 은톨이는 사회로 나가는 것에 대해 더 큰
불안과 두려움을 느끼고 사회적 철수는 더 심해진다. 즉, 은둔
상태가 길어지면서 자신이 사회로 나갈 준비가 안 되었다는
생각이 차차 커지고, 은둔 상태에서 벗어나는 데에 더욱 큰 용
기가 필요해지게 된다. 당사자는 이럴 경우 정신적 부담을 피
하기 위해 자포자기하며 다시 은둔 상태에 빠질 위험이 크다.

사춘기와 혼동하지 말 것

고립·은둔이 주로 청소년기에 시작되기 때문에 가족들은 이를 흔한 사춘기 반항으로 여기는 경우가 많다. 하지만 사춘기와 고립·은둔은 분명히 구분되는 개념이고 서로 다른 특징을 지닌다. 사춘기puberty는 신체가 성장하면서 성적 기능이 활발해지고 2차 성징이 나타나며 생식 기능이 완성되기 시작하는 시기이다. 이때 신체적 변화뿐 아니라 급격한 정서적·인지적 변화도 함께 나타난다. 하지만 엄밀히 말하면 사춘기는 신체적 급변의 시기만을 일컫는 개념이고, 당사자가 불안정한 심리 상태에 있음을 의미하지는 않는다. 또한 사춘기를 지나는 모든 청소년이 사회적 관계를 끊는 고립이나 은둔의 특징을 보이는 것은 아니다. 상담실이나 지원 기관을 찾는 많은 부모들이 자녀의 은둔과 고립 행동을 사춘기에 나타나는 자연스러운 현상으로 해석해도 되는지 궁금해한다. 때로는 사춘기가 다 지났는데도 은둔에서 벗어나지 않는 자녀를 이해할 수 없어 힘들어한다. 이렇게 고립·은둔을 사춘기의 결과로만 여기면 적절한 대응이 늦어질 수 있다.

학교나 직장에 가느냐만을 기준으로 삼지 말 것

고립·은둔은 처음 경험하는 시기에 따라 주요 원인과 진행 양상에서 어느 정도 차이를 보인다. 청년의 경우 취업이나 직장이 주요한 요인인 경우가 많지만, 청소년은 대체로 등교나 진학 관련 문제가 주요 요인이다. 그렇지만 대상자가 학교나 직장에 나가고 있으면 고립·은둔 위험성이 낮고, 반대로 학교에 가지 않거나 중퇴하면 이를 곧 고립·은둔할 위험이 높다고 보는 것은 적절치 않다.

예를 들어, 한 사람이 학교에 가지 않는 상태에서 부등교 문제로 부모와 갈등을 빚는다. 하지만 동네 친구나 오랜 지인들과는 정기적으로 만나는 등 대인 관계에 큰 문제가 없다면 고립·은둔 상태라 보기 어렵다. 사회적 관계가 끊어진 것이 아니기 때문이다. 반면, 가족이나 교사의 설득으로 등교는 하지만, 장기간 대인 관계를 맺지 않으며 학교 사회복지실이나 상담실에서 시간을 보내고 돌아오는 경우 이미 고립·은둔이 시작되었다고 볼 수 있다. 따라서 고립·은둔 문제는 단순히 학교 등교나 조직에 속해 있느냐의 기준보다는 **사회적 관계 패턴**을 고려해서 판단해야 더 적절히 개입할 수 있다.

집 밖에서도 도움을 받을 수 있을 것

거듭 강조했듯이 고립·은둔 문제는 개인이나 가정 관련 요인만으로 생겨나는 것이 아니기 때문에 이 문제의 복합적인 원인을 한 개인 혹은 가족이 다 제거하거나 해결하기는 어렵다. 따라서 학교, 또래, 이웃, 입시와 진로 시스템, 사회문화적 환경 등 다양한 발생 요인을 복합적으로 고려해 다각도로 지원을 해야 한다. 다양한 사회적 관심과 도움, 그리고 정책적 지원과 같은 좀 더 넓은 의미의 개입이 있어야 은둔이들의 회복을 도울 수 있다. 은둔이에 대한 오해를 바로잡는 것도 그중 한 가지 노력이다.

참고문헌

김성아 외(2022). 『고립, 은둔 청년 지원사업 모형개발 연구』, 한국보건사회연구원.

보건복지부(2023). 『2023 고립·은둔 청년 실태조사』.

Katz, S. J., Conway, C. C., Hammen, C. L., Brennan, P. A., & Najman, J. M. (2011). 「Childhood social withdrawal, interpersonal impairment, and young adult depression: A mediational model」. *Journal of abnormal child psychology*, 39(8), 1227-1238.

Lacey, R. E., Kumari, M., & Bartley, M. (2014). 「Social isolation in childhood and adult inflammation: Evidence from the National Child Development Study」. *Psychoneuroendocrinology*, 50, 85-94.

Levinson, C. A., Langer, J. K., & Rodebaugh, T. L. (2013). 「Reactivity to exclusion prospectively predicts social anxiety symptoms in young adults」. *Behavior therapy*, 44(3), 470-478.

나는 청년들을 응원하고 격려하고 싶다

나는 어린 시절부터 받은 것이 참 많은 사람이었다. 부유하지는 않았지만 큰 경제적 어려움 없이 컸고, 욕심 많고 고집 센 내가 뭔가 하고 싶어 할 때마다 부모님은 마뜩잖아하면서도 양보해주셨다. 기회가 많았고 운도 많이 따랐다. 하지만 오랜 시간 나는 그렇게 많은 것을 받았다는 사실을 실감하지 못했다. 오히려 내가 갖고 있지 않은 것들에 우울해하고 위축되는 경우가 많았다.

그러다 30대에 접어들면서 '내가 받은 것이 많구나.'라고 느끼는 날들이 많아졌다. 지금 생각해보면 스스로 자각했다기보다 교수로 임용되고 강단에 서면서 과분할 만큼 학생들에게 인정받고 치켜세워지면서부터였던 것 같다. 학생들은 신기하다 할 만큼 나를 의지했고 믿어줬다. 그리고 나를 가장 놀라게 한 것은 학생들이 나로 인해 삶이 바뀌었다고 말할 때였다. 곰곰이 생각할 수밖에 없었다. '내가 무슨 일을 한 걸까? 내가 한 일이 그들에게 어떤 의미가 있었던 걸까?'에 대해서. 그리고 겨우 알아낸 건 '하나를 주면 열을 받았다 여기는 사람이 있구나, 내가 가진 것을 조금 나눈 것뿐인데 삶이 바뀌었다고 하는 사람이 있구나……'라는 사실이었다.

그렇게 그들의 반응이 서서히 나를 바꾸었다. 그러면서 한 가지를 더 분명히 알게 되었다. 내가 사람의 삶을 응원하고 격려하는 것을 꽤 좋아한다는 사실이다. 나는 한 사람의 장점을 찾아주고, 하고 싶은 일을 계획하며 같이 흥분하고, 그가 자신만의 특성을 찾아 자유로워지는 경험에 기꺼이 동참하고자 한다. 강의나 상담 시간에 나는 누군가의 응원군이 되어주어, 시간 가는 줄도 모르고 거기에 몰입한다. 마치 치어리더처럼, 청소년과 청년을 응원하며 그들과 함께 삶을 나누는 걸 좋아한다. 그렇게 강의실, 상담실, 삶의 현장에서 25년여의 시간을 보냈다. 참 뜨겁고 행복한 시간이었다.

고유한 각자들이 모인 곳

여전히 내가 잘 모르는 부분이 있다. '당신 덕분에 변했다'는 피드백이 정말 고맙지만, 구체적으로 무엇이 그들을 힘나게 했고 변화까지 이끌었는지 잘 모른다. 이는 내가 과연 그들과 무엇을 함께해왔고 앞으로도 무엇을 함께해야 하는지와 연결되는 점이다. 또한 나뿐 아니라 우리 사회가 청년들과 어떤 것을 함께해야 하는지에 대한 구체적인 실천과도 연결된다. 지금까지 내가 찾은 답은, 모든 사람은 자신의 삶을 치열하게 고민하고 누구보다 멋지게 살아내고 싶은 욕구를 갖는데, 누군가가 이런 마음을 알아주고 격려해줄 때 큰 힘을 얻는다는 점이다. 그건 어려움을 해결해주는 것과는 판이하게 다르다. 어려움을 해결하려는 그 사람의 애씀을 알아주고, 고통을 위로해주고, 그가 잘 살아낼 것을 믿어주고 격려해주는 것이다. 이것이 미약하게나마 내가 하려고 노력해온 것이고, 내가 만난 청년들이 반응해준 부분인 것 같다.

이 청년들만 그런 건 아닐 거다. 우리 모두는 '나다운' 삶을 살기를 원한다. 우리 모두는 나답게 살 때 가장 아름답고 행복하고, **나다움을 찾을수록** 당당해지고 편안해진다. 그리고 개개인이 고유의 색깔과 특성을 십분 살릴 때 그 고유의 색들이 사회 전체를 조화롭고 아름답게 만든다. 하지만 사람들이 함께 모여 살며 여러 상황과 관계가 충돌하는 가운데 나답게 산다는 것이 그리 녹록한 일만은 아니다. 그렇다고 포기할 수도 없는 일이다. 왜냐하면 우리 각자는 그저 그렇게 나다운 모습을 이미 갖고 있고, 그것을 발현시키고 싶은 욕구를 끊임없이 느끼기 때문이다.

그런 점에서 내 삶에서 인연이 닿아 만난 청년들은 그 누구보다 자신의 색깔을 찾아 나답게 살고 싶었던 사람들인 것 같다. 그들이 겪은 좌절과 불안은 **자기 자신을 쉽게 포기하지 않고 사회 속에 내동댕이치지 않으려는 노력의 결과**였다고 생각한다. 그래서 나는 그들과 함께하며 그들을 위로하고 지지하고 싶었다. 참 잘하고 있다고. 지금까지도 잘해왔고, 앞으로도 잘할 거라고.

기억날 거다. 어린 시절 학교 체육대회에서 죽을힘을 다해 달릴 때, 혹은 합창대회에서 떨리는 마음으로 지휘자의 손끝을 바라볼 때, 응원의 함성과 박수 소리가 내 어깨를 으쓱 올라가게 했던 경험을. 그렇게 우리는 지켜봐주고, 같은 것을 염원해주고, 행복해지길 응원해주는 사람으로 인해 살아갈 힘을 얻는다. 성공이라는 결과가 아니라 한 사람의 행위 자체와 그 과정을 함께해줄 수 있는 사람을 만나면 우리는 더할 나위 없이 힘을 얻게 된다.

단 한 명만 있어도 달라지는 세계

　세상에는 응원 부대를 많이 거느린 사람들이 있다. 가족, 친구, 주변 사람들이 그 사람을 믿고 지지해주는 행운아들이다. 나도 비교적 운 좋은 사람 중 한 명이었다. 하지만 단 한 명의 응원과 지지가 간절한 사람도 세상에는 많다. 단 한 명이라도 내 마음을 알아주고 나와 함께해준다고 느낄 때 우리는 결코 삶을 마감하지 않는다. 그 한 명이 없어 우리는 생을 포기하게 된다.

　나는 그렇게 단 한 명이 절실한 청년들에게 눈길이 간다. 이들은 가정, 학교, 사회로부터 지지와 수용을 받지 못했다고 느끼는 사람들이다(사실 여부와 상관없이 최소한 그들은 그렇게 믿는다). 그래서 이 청년들은 세상 누구도 자신을 이해하지 않을 거라고 믿기도 한다. 실제로 어느 누구도 그들에게 손 내밀어주지 않거나 혹은 건네진 손을 그들이 잡지 않고 숨어 들어가면, 상황은 극단으로 치닫고 고립·은둔이라는 안타까운 결과가 생기게 된다.

　이런 친구들을 위한 응원은 생각보다 단순하다. 먼저, 그들을 바라보고 그들의 생각과 감정과 행동에 관심을 보여주면 된다. 그리고 그들이 무엇을 힘들어하는지에 대해 듣고 알아차리고, 할 수 있다면 그 마음에 공감해주면 된다. 사안의 옳고 그름이나 적절성에 대한 판단은 깔끔하게 내려놓고 말이다.

그리고 어렵더라도 그들의 힘을 믿어주는 것이 필요하다. 앞서 말했듯 우리 각자는 나의 삶을 가장 진지하게 고민하는 사람이고, 잘 살아내고 싶은 바람도 크다. 그러니 잘 살아낼 힘도 내 안에서 찾아낼 수 있다. 그러니 은톨이들 내면의 힘을 믿어주는 것이 매우 중요하다.

명심해야 한다. 우리는 '나를 믿어주는 한 사람이 있다'는 사실로도 모든 것을 해낼 수 있을 만큼 큰 힘을 얻는다는 사실을. 그 사람을 뜯어고쳐 변화시키는 것이 아니다. 그저 이미 그 사람이 갖고 있던 **고유의 특성과 색상**을 선명하고 아름답게 드러내는 데 나의 힘을 보태는 것이다.

우리 한 명 한 명을 고유의 색을 지닌 보석이라고 생각해보자. 이 보석 구슬은 어떤 상황에 놓여 있는지에 따라 그 찬란함이 달라진다. 어두운 방구석에 팽개쳐져 있다면 그건 그냥 딱딱한 물질일 뿐이다. 하지만 환한 햇살이나 조명 아래 놓인다면 보석은 고유의 색을 뿜어내며 화려하게 빛날 것이다. 우리는 그저 은톨이들에게 "너의 색이 있을 거다. 잘 찾아보렴." 하고 말을 건네면 된다. 그들의 아름다운 색을 함께 볼 것을 기쁜 마음으로 기대하면서.

아마도 이것이 내가 청년들과 함께한 시간 동안 작게나마

해온 일인 것 같다. 그들을 믿어줬고, 그들을 기대해준 것. 그것이 큰 결과로 돌아와 나 또한 변화시킬 줄은 모르고 한 일이다.

　나는 오늘도 내 자신과 내가 만나는 사람들을 믿고 위로하고 지지해줄 생각이다. 할 수 있을 때까지, 감사한 마음으로.

3장

우리는 깨어져도, 깨어진 채로 살아갈 수 있다

고요한 부모, 폭발하는 부모

쉽게 예상할 수 있듯이 고립·은둔하는 사람이 가정에 있을 때, 먼저 도움을 청하는 사람은 당사자보다는 부모나 가족이다. 희영의 경우도 그랬다. 어머니가 전화를 하여 자녀의 은둔 상태와 이로 인한 고통을 호소했다. 몇 번 통화를 하고 시간을 정해 만났다. 어머니는 맑은 피부와 눈빛을 지닌 분이었다. 창문으로 들어오는 햇살이 화장기 없는 얼굴에, 살짝 주름 잡힌 눈가에 투명하게 깃들었다.

어머니는 아이가 10년 넘게 게임중독, 은둔, 짧은 알바, 다시 은둔 생활을 오가고 있다고 조용히 말했다. 담담하고 나직하게 상황을 설명하는 모습에서, 어쩌면 이분은 아이의 상태를 있는 그대로 수용할 수 있을지도 모르겠다는 생각이 들었다. 분명히 고통으로 꽉 찬 이야기를 듣고 있는데도, 어머니가 보여주는 독특한 고요함이 내게 그런 착각을 일으켰다.

여러 번의 실랑이 끝에 다행히도 희영은 상담에 응했고, 배정된 상담자와 잘 맞았는지 꽤 긴 시간 상담에 참여했다. 그리고 미비하지만 아주 천천히 은둔 상태가 개선되어갔다. 어머니는 그 사실 자체에 기뻐하고 감사해했다. 인상적인 것은 언제나 상담비를 어머니가 지불했는데, 희영이 상담실을 떠난 후 조금 시차를 두고 들어와 결제를 한 점이다. 처음에는 어머니가 지나는 길에 들르는 거라고 생각했다. 하지만 상담 시간 동안 밖에서 기다리고 딸과 마주치지 않으려 노력하다가, 딸이 상담실을 떠난 후 조용히 들어온다는 것을 나중에 알게 되었다. 딸에게 카드를 줄 수도 있었을 텐데, 송금을 할 수도 있었을 텐데.

어머니는 그런 정성을 들여서라도 상담받고 있는 딸을 응원하고, 상담자에게 눈으로라도 딸을 부탁하는 마음을 전하고 싶었던 것 같다. 딸에게는 부담이나 압박감을 주지 않으면서 말이다. 몇 개월 동안 이어진 이런 상황을 알고, 나는 소위 전문가라 불리는 우리를 믿고 딸을 맡긴 어머니의 큰 기대감에 어깨가 묵직했다.

닫힌 방문 앞의 가족

　자녀의 고립·은둔 문제를 호소하는 부모님들은 대개 격앙된 상태로 상담실을 찾는다. 자녀의 현 상태를 감안한다면 당연하고 자연스러운 반응일 수 있다. 왜 그러는지 구체적인 이유도 모르는 채 자녀가 긴 시간 동안 칩거하고 사회적 관계를 맺지 않을 뿐 아니라 가족과도 대화를 하지 않을 때, 부모의 속은 숯덩이가 된다. 답답함, 불안, 걱정, 분노, 우울, 억울함, 원망, 기대, 자책, 슬픔, 좌절, 무기력……. 모든 복합적인 감정들이 소용돌이치며 한 개인을 뒤흔들어놓고, 휘몰아치는 감정을 매일, 매 순간 경험하다가 상담사를 만나 토하듯 쏟아낸다. 이들은 마치 **피를 철철 흘리며** 우리를 찾아와 고통과 아픔을 토해낸다.

　하지만 이런 일반적인 모습과 달리 희영의 어머니는 마치 인적 드문 숲속같이 고요하게, 언어화하지 않는 은은한 미소와 절제된 감정을 보여주었다. 왜일까? 이분의 미소는 가식인가? 아니면 교양 있어 보이고 싶은 마지막 자존심인가? 나는 아니라고 생각했다. 자녀가 너무나 오랜 기간 사회와 가정으로부터 이탈된 것에 대한 일종의 **내려놓음**, 격동의 감정을 느끼기에는 너무 지친 상태, 그래서 그로 인한 고요함이라고 느꼈다.

태풍이 몰려올 때 우리의 마음은 소란해진다. 태풍의 한가운데에선 더욱 그렇다. 몸을 가누지 못할 만큼 비바람이 앞뒤 좌우로 몰아치고, 뿌리째 뽑히는 나무와 기울어지는 다리와 날아가고 파괴되는 도시와 기물들 속에서 우리는 경악하고 소리치게 된다. 그렇게 태풍이 모든 것을 휩쓸고 간 후 그 자리에 서 있다면 어떨까. 나는 예전 그 자리에 남겨졌지만 눈을 들어 바라본 세상은 예전의 것이 아니다. 내가 속해 있던 아름답고 질서정연한 모습이 아니다. 모든 것이 무너지고 할퀴어진 잔해로 남아 있다. 이럴 때 우리는 더는 소리치지 않는다. 아니 소리칠 힘도 없다. 그런 **폐허 속에서의 고요**. 자녀의 고립이나 은둔을 오래 경험한 부모에게서 가끔 볼 수 있는 고요함은 어쩌면 이런 상태인지 모른다.

사실 나는 흥분하고 격앙된 감정을 분출하는 부모님들보다, 이런 넋 나간 듯한 고요함을 보이는 분들에게 더욱 마음이 간다. 더욱 애잔하다. 얼마나 긴 시간 온 마음과 온 기운을 다했으면 이런 상태일까 헤아려보게 된다. 어쩌면 이들은 이제 소리 낼 힘도 없을 만큼의 절망의 끝에 와 있는지 모른다.

부모의 최선

어떤 모습을 보이는지와 무관하게, 고립·은둔 자녀를 둔 부모 대부분은 자녀의 삶의 요소가 하나라도 덜 망가지게 하기 위해 엄청난 노력을 한다. 자녀가 학교만이라도 졸업할 수 있도록, 친구 관계가 끊어지지 않도록, 부모와 대화는 이어질 수 있도록, 밥이라도 거르지 않도록, 건강만이라도 나빠지지 않도록……. 태풍 속에서 집기 하나라도 건지려 몸부림치는 것처럼 발을 동동 구르며 노력한다. 하지만 그 노력들을 떠올리며 많은 부모들은 거의 같은 문장으로 말을 맺는다.

"그런데 결국 소용없더라고요……."

부모의 눈으로 볼 때 자녀의 고립·은둔은 생전 처음 겪는 충격적인 경험이고, 번개 맞듯 갑작스레 맞닥뜨린 사건이다. 상상해본 적도 없는 악몽 같은 일이다. 이러한 사건 앞에서 부모들은 속수무책 어쩔 줄 몰라하며 모든 방법을 동원해 이것저것을 시도해본다.

고립·은둔 부모들에게서 이런 사연들을 들으면 나는 그들에 대한 판단과 평가를 우선 내려놓는다. 그들이 사용해온 방법이 아무리 효과가 없고, 부적절하고, 무리였다 하더라도, 부모들은 모든 지혜를 쥐어짜 최선을 다했을 것이고 그 **최선**이 그들을 지치게 했을 것이다. 내가 부모들과 함께 자녀의 고립·은둔 문제를 도울 수 있으려면 함께 협력하는 사람, 즉 부모의 회복에도 신경을 쓸 수밖에 없다. 내 자신이 절망, 흥분, 분노, 자책, 우울, 불안에 휩싸인 상태라면 나는 타인을 효과적으로 도울 수 없다. 하지만 안타깝게도 많은 고립·은둔 부모들은 이러한 **자신 회복**의 필요성을 인정하지 않는다. 그러나 어쩌겠는가. 지금 상태 그대로를 인정해주며 갈 수밖에 없다. '자, 다시 조율하고 함께 지혜를 모아보자…….' 호흡을 가다듬어 본다.

숨 먼저 쉬고, 다음에 상담

은톨이 한 명을 알고 있어요

대부분의 경우 고립·은둔 문제에서 가장 먼저 도움을 요청하는 사람은 부모이다. 방송이나 기사를 보고, 혹은 온라인을 검색하다가 우리 센터를 알게 되면 은톨이의 부모들은 지푸라기라도 잡는 심정이라며 절박하게 연락을 한다. "우리 애가 이러이러한 상태이다. 어떻게 해야 하냐. 상담을 받게 하고 싶다. 제발 이 아이가 바뀔 수 있도록, 내가 할 수 있는 게 무엇인지 알려달라." 전화로 메일로 전해지는 하소연은 하나같이 애달프고 절절하다. 그리고 많은 부모가 이렇게 말한다.

"제발 우리 애 좀 만나주세요. 그리고 전문가이시니(그분들의 표현이다) 우리 애가 방에서 나올 수 있게 해주세요."

상담을 요청하는 것은 꼭 부모님만은 아니다. 보통 어머니가 연락하지만, 때로는 아버지가, 때로는 형제자매가, 어떤 때는 사촌 형, 사촌 누나, 이모나 고모가 도움을 청하기도 한다. "우리 애가요, 제 오빠가요, 제 동생이요, 저희 집 사촌 동생이요, 제 조카 녀석이 도대체……" 집안에서의 위치는 각각 다르지만 한결같이 절절하게 고통스러워한다.

친구나 이웃이 연락하는 경우도 간혹 있다. "고등학교 동창인데 누구하고도 연락을 안 해요. 저와도 연락을 끊었는데 알아보니 집에서 나오지도 않는대요." "애들 어릴 때부터 친하게 지내서 자식 같은 아이인데 그 아이가 방에서 나오지도 않는대요. 그 엄마가 너무 힘들어해서 제가 좀 도와주고 싶어서요." "우리 이웃인데, 엄마도 우울증에 걸린 것 같아 상담실에 전화조차 힘들어해서 제가 전화를 했네요."라는 각양각색의 사연을 전하기도 한다. 이런저런 연락을 받다 보면 청년 혹은 청소년의 고립과 은둔 문제가 부모나 가족을 넘어 결국 우리 사회 전체의 문제임을 절감하게 된다.

해를 거듭해 은톨이와 그 부모들을 만나면서 나는 하나의 기준점을 잡았다. 그건 **은톨이 본인의 의지**가 아닌 부모나 가족, 주변 사람의 의지만으로는 은톨이를 도울 수 없다는 점이다. 당연한 말 같지만 이 기준을 잘 지키지 않으면 그리 좋지 않은 결과를 맞기 쉽다. 그래서 나는 먼저 확인한다.

"당사자가 도움을 받겠다고 하나요?"

만일 은톨이에게 이런 의지가 전혀 없다면, 부모뿐 아니라 나 또한 자녀를 치료 환경에 들어오게 할 방법이 없다. 강제입원시키듯 내 앞에 끌고 와서 상담이나 활동 프로그램에 밀어 넣을 수는 없다. 그 대신 지금 통화하고 있는 부모가 오셔서 직접 대화를 나눠보자고 권한다.

이렇게 만남이 시작되면 대부분의 경우 요청은 한 방향으로 향한다. "우리 애가 밖으로 나오게 하려면 어떻게 해야 하는지 알려주세요." 그들의 말에는 방법을 알려주면 실천해보겠다는 굳은 의지가 담겨 있다. 그런데 이렇게 분명하게 말하기까지 대부분은 긴 시간이 걸린다. 상담실에서 만난 부모들은 봇물 터지듯 빠르게 말을 쏟아내거나, 혹은 눈물이 터져 말을 잇지 못한다. 지나온 세월의 순간순간을 모두 말하기 위해 입술이 타들어가도록 쉬지 않고 말하거나, 감정이 격앙되었다가 꺼졌다가를 반복하기도 한다. 혹은 자신의 머릿속에 있는 기억을 전달할 말이 없어 멍하게 허공을 바라보거나, 상대와 대화하는 것이 아니라 혼자만의 독백이나 절규의 시간을 보내기도 한다.

그러면 내가 할 수 있는 것은 한 가지뿐이다. 그저 함께 있어주는 것이다. 그들이 오랫동안 참아왔던 서러움과 고통이 이런 토로를 통해 조금이라도 덜어지기를 기다리며. 개인상담 1회기 만남은 보통 50~60분을 기본으로 하는데, 이런 독백이 이어지면 그저 거친 감정을 토해내는 것만으로 한 회기가 끝나버리기도 한다. 하지만 나는 안다. 그렇게 **감정을 헤아려주고 집중해주는 한 사람과의 만남**이 그들에게 얼마나 중요한지를. 누구 앞에서도 시원하게 울어보지 못한 긴 시간을 보낸 그들은, 우선 비난받지 않는다는 안심 속에서 자신의 뒤엉킨 감정을 두서없이 토해내는 것만이라도 하고 싶어 한다. 그 자리에서 아무런 조언이나 해결책을 얻지 못해도 말이다.

상담적 대화와 비상담적 대화

사람과 사람의 만남은 대화를 기본으로 한다. 나는 이 대화를 크게 **상담적 대화와 비상담적 대화**로 나눌 수 있다고 본다. 비상담적 대화에서는 대개 문제에 대한 해결책을 먼저 논의한다. 만약 A가 자신이 처한 어려운 상황에 대해 이야기를 꺼내면, 그 얘기를 듣는 B는 자신이 찾아낸 좋은(스스로는 그렇게 믿는) 해결책을 제안한다. A가 그 해결책을 확신하지 못하거나 받아들이지 않으면, B는 차선과 차차선의 방법까지 고민해 A에게 알려준다. 여기서도 A가 B의 제안을 받아들이지 않거나 혹은 별로 도움이 되지 않는다는 반응을 보이면 B는 기분이 상하기 쉽다. '내가 생각할 수 있는 해결 방법은 다 말했는데, 이제부터 뭘 말하지'라는 기분이 들 것이다.

예를 들어, 지난주 남자친구와 크게 다투고 '헤어지자'는 말까지 들은 A가 B에게 속상한 감정을 얘기한다. B는 얘기를 들으며 A가 남자친구와 관계를 회복할 수 있는 방법을 생각해 알려준다. '이렇게 해봐.' 그런데 A의 반응이 다소 시큰둥하다. B는 다른 방법을 말한다. '그러면 저렇게 해봐.' 그런데도 A의 표정이 밝지 않다. B는 슬슬 올라오는 피곤을 누르며 애써 찾아낸 다른 해결책을 전한다. '그러면 요렇게 해봐.'라고. 이번에도 A가 썩 만족하지 않으면 B는 화가 나기 시작한다. '아니, 나도 할 일 많은데 애써 들어주고 여러 방법까지 알려줬더니 별로 관심도 없네.' 마침내 B는 말한다. '이것도 저것도 요것도 아니면, 나보고 어쩌라는 거야?'

이것이 비상담적 대화에서 자주 나타나고 갈등을 일으킬 수 있는 대화 패턴이다. 해결책을 제시한 것이 문제가 아니다. B가 한 가지 간과한 것이 있다. B가 말하는 '이것, 저것, 요것'은 A 자신도 일주일 내내 고민하며 머릿속에 떠올렸던 방법일 것이다. A가 원한 것은 "저런, 일주일 내내 힘들었겠다." "남자친구와 오래 만난 사이인데 그렇게 싸워서 마음이 참 안 좋았겠네."와 같이 **내 감정을 알아주고 읽어주는 대화**였을 것이다. 즉,

A는 문제 해결보다 '상담적 대화'를 나누고 싶었을 거다. B가 A의 감정을 알아줄 때, A는 혼자서 어쩔 줄 몰라하던 감정과 복잡한 생각을 비로소 B와 나눌 수 있게 되는 것이다.

그 스스로 힘을 낼 수 있도록

이렇게 누군가가 마음속에 들어 있는 무거운 돌을 보여주면 "저런, 무거운 돌을 담아두느라 힘들었겠다."라고, 먼저 그 힘듦을 알아주어야 한다. 마음속에 든 돌이 무엇인지, 돌을 어떻게 처리해야 할지를 먼저 따질 필요가 없다. 사람들은 마음속 돌을 분석해달라고 남에게 보여주는 게 아니다. 남의 충고나 조언은 한 사람의 마음속 돌을 처리하지 못한다. 어려운 일을 직접 겪은 당사자는 남들보다 더 많이 그 문제를 생각하고 진지하게 고민했을 것이다. 타인은 그저 무거운 돌을 마음속에 담고 있을 수밖에 없는 상황을 이해해주고 그 마음을 알아주면 된다. 그러면 짐 진 사람이 그 돌을 '스스로' 처리할 기운을 얻게 된다.

사람은 이렇게 아이러니한 존재이다. 이성적이고 논리적인 요소로만 사는 것이 아니라 감정과 정서의 요소로도 살기 때문이다. 우리는 늘 염원한다. '내 마음 알아주는 한 사람만 있다면 내가 살 수 있을 텐데'라고. 고립·은둔 자녀를 둔 부모와 가족들에게는 그런 사람이 필요하다. 물론 그 다음에는 최선을 다해 함께 고민하고 해결책을 모색해야 한다. 하지만 이 모든 것은 우선 **상처받은 사람의 흐느낌이 잦아든 이후의 과제**이다. 흐느끼는 그 사람의 들썩이는 어깨를 토닥여주고 눈물이 잦아들었을 때, 그렇게 조금 더 생각이라는 걸 할 수 있게 되었을 때 해도 되는 일이다.

사실 내가 고립·은둔 부모들을 대하며 우선적으로 해주는 역할을, 부모들이 고립·은둔 자녀들에게 해줘야 한다. 자녀의 고통을 헤아려주고, 이러지도 저러지도 못하는 마음을 공감해주는 것이 다른 어떤 해결책보다 가장 앞서서 해야 하는 일이다. 내가 고립·은둔 부모와 가족들에게 전달하려 애쓰는 것은, 그들이 이제까지 해온 혹은 현재하고 있는 비상담적 대화를 멈추고 상담적 대화의 시간을 보내도록 하는 것이다. 자녀와의 대화에서 부모나 가족이 이를 실천하려면, 먼저 그들이 나와 만나면서 이러한 경험을 충분히 해야 한다. 그래야 자녀의 고립·은둔 문제를 해결할 힘과 희망을 얻을 수 있다.

글을 쓰면서 갑자기 엉뚱한 생각이 든다. 동화 속 백설 공주는 일곱 난장이와 잘 지내다 계모가 준 독 사과를 먹고 죽음과도 같은 잠에 빠져버렸다. 그러다 길을 지나던 왕자의 입맞

춤을 받고 깨어났다. 그때 무슨 일이 있었던 걸까? 왕자의 입
맞춤에 공주의 목숨을 살릴 정도로 마법적인 힘이 있었던 걸
까? 어쩌면 공주는 왕자의 입맞춤에 잠에서 깨어 몸을 일으키
다 목에 걸렸던 사과를 뱉어낼 수 있었을지 모른다. 동화적 아
름다움을 훼손하지 않기 위해 공주가 캑캑대며 몸을 일으키는
모습은 생략하겠다. 하지만 공주는 '스스로' 몸을 일으켜 숨통
을 막았던 것을 없앴을지 모른다. 고립·은둔 자녀를 둔 부모에
게 나와의 만남은 이런 의미일 듯하다. 목에 걸린 사과는 한 사
람의 숨통을 막을 수 있다. 우선 그걸 뱉어내게 해야 한다. 나
와의 만남(상담적 대화)을 통해 부모/가족의 숨이 돌아오고, 부
모/가족과의 만남(상담적 대화)을 통해 고립·은둔 자녀의 숨이
돌아올 수 있기를 바란다.

다른 자리에서 바라보기

— 은톨이 가족에게 전하는 조언 1 —

자녀가 고립·은둔 상태가 되면 가족, 특히 부모는 어찌할 바를 몰라한다. '뭐가 어디서부터 잘못된 걸까?' '도대체 왜 저러는 걸까?'……. 그런 상태가 조금 지나면 부모는 문제를 해결하기 위해 본격적으로 '무언가'를 하기 시작한다. 남들이 했고, 나도 해봐야 할 것 같고, 내가 할 수 있는 모든 것을 한다. 가슴 아픈 것은, 이러한 다양한 노력과 시도가 오히려 상황을 악화시키거나 그 누구도 원치 않는 방향으로 끌고 간다는 점이다. 이 과정에서 자녀의 고립·은둔이 나아지지 않거나, 더 나빠지거나, 혹은 처음에는 그렇지 않았던 부모-자녀 관계마저 단절되기도 한다.

'무언가' 해보려고 전문가를 찾아온 부모와 함께 머리를 맞댄 지난 10여 년, 고립·은둔 당사자와 그들을 간절히 돕고 싶어 하는 부모(와 가족) 사이에 자주 발생하는 문제들이 보였다. 각 개인의 사례를 일목요연하게 정리해 '이 문제에는 이것이 해답이다'라는 식의 유목화는 할 수는 없지만, 어떻게 대응해야 할지에 대해 방향은 제시할 수 있을 것 같다.

하나. 자녀의 상태를 구체적이고 객관적으로 인식해보자.

자녀나 가족 구성원 중 한 명이 일정 기간 고립과 은둔 상태에 있다고 가정해보자. 이와 관련해서 두 유형의 질문을 적어보겠다.

A 질문들
고립·은둔 자녀가

- 하루에 몇 끼 정도 먹고, 주로 어떤 음식을 섭취하나?
- 몇 시쯤 일어나고 몇 시쯤 잠드나?
- 일주일에 몇 번 샤워를 하나?
- 며칠에 한 번 외출하나?
- 외출하면 어디에 가고 누구를 만나고 오나?
- 최근 몇 개월 사이 체중에 변화가 있나?

B 질문들

고립·은둔 자녀가

- 요즘 주로 무슨 생각을 하나?

- 방 안에서 주로 어떤 감정을 느끼나?

- 사회 관계를 끊는 주된 이유는 무엇인가?

- 스스로를 어떻게 생각하나?

- 부모인 나를 어떻게 생각하고, 어떤 감정을 품는가?

- 가장 바라는 것은 무엇인가?

A와 B 그룹의 질문들 중 어떤 것에 대답하기가 더 쉬운가? 더 어려운가? 아마 대부분 A 질문들에 대답하기가 훨씬 쉽다고 여길 것이다. 한 사람의 의식주 혹은 일상생활에 관한 질문이기 때문에 한집에 거주하는 동거인이 지속적인 관심을 갖고 지켜보면 확인할 수 있는 내용이기 때문이다. 반면, B의 질문들은 한 사람의 생각, 감정 등 내면에 관한 것이기 때문에 관찰하기도 파악하기도 어렵다.

그런데 고립·은둔 부모들과 만나며 예상 외의 결과를 자주 본다. 이들에게 A 질문을 하면 당황하면서 허공을 보고 "글쎄요……."라고 답하는 것이다. 즉, 고립·은둔 자녀가 현재 어떤 패턴으로 의식주 생활을 하고 있는지 구체적으로 알지 못하는 경우가 많다. 물론 자녀가 가족과 소통하지 않고 접촉을 차단

한 경우라면 부모가 생활 패턴을 자세히 파악하는 것이 쉽지 않다. 하지만 부모들이 당황하는 핵심은 자신이 이제까지 이런 부분에 초점을 두고 자녀를 살펴보지 않았다는 점이다. 그와 동시에 부모들은 '자녀가 어떤 생각, 어떤 감정을 갖고 있는지' '도대체 자녀가 왜 부모와 대화하지 않는지' '문만 열고 나가면 은둔이 끝나고 마음만 먹으면 사회생활을 할 수 있는데 왜 그러지 않는 건지'에 대해 온 힘 다해 답을 찾으려 한다. A는 모르면서도 B 질문들에 집중하는 것이다.

앞서 언급했듯 B 질문들은 답을 찾기 어렵다. 나조차도 내 생각, 감정, 두려움과 바람에 대해 명료하게 답을 찾기 어려운데 하물며 대화할 기회조차 만들기 어려운 고립·은둔 자녀의 내면을 알려는 시도는 번번이 좌절로 이어지기 쉽다. 특히나 이러한 시도는 고립·은둔 자녀가 가장 불편해하는 주제를 건드리는 것이기 때문에 관계를 훼손하는 지름길이 되기도 한다.

그러니 **전략**이 필요하다. 좀 더 쉽게 확인할 수 있고 그러면서도 놓쳐서는 안 되는 중요한 측면에 먼저 관심을 두는 것이 좋다. 자녀의 식습관, 수면 패턴, 건강 상태, 외출 빈도와 내용, 상황이 얼마나 지속되고 변하는지 등을 살펴보는 것으로 자녀의 상태를 객관적으로 확인할 수 있다.

물론 자녀와의 접촉이 많지 않거나 직장 때문에 집을 비운다면 아이의 일상생활을 세세히 알기 어렵다. 상관없다. 그저 아는 만큼, 보이는 만큼, 관심 두고 살펴본 만큼 알아가면 된다. 매일이 아니어도 좋고 확인할 수 있는 만큼이라도 좋다. 그리고 확인한 주요 내용들을 간단히 기록하는 것도 좋다. 한두 달 계속 기록하다 보면 자녀가 어떤 상태로 생활하고 있는지 구체적으로 알게 되고, 간혹 내가 생각하는 것만큼 자녀의 상태가 최악이 아니고 오히려 조금 나아지고 있다는 사실을 알게 되기도 한다. 그들의 **일상생활**과 **변화 추이**만 정확하게 알아도 부모와 가족이 도울 수 있는 것들을 많이 발견하게 된다.

다시 말하면, '그런 게 다 무슨 소용이에요. 애가 도대체 왜 저러는지 아는 게 먼저죠.'라는 생각 때문에 B 질문에 매달려 아이와 부딪히고 좌절하기를 반복하는 우를 범하지 않는 게 중요하다. 더 쉽고 더 효과적이며 더 중요한 것들에 먼저 초점을 두길 권한다.

덧붙여, A 질문에 따라 자녀의 상태를 확인할 때 한 가지 유의할 점이 있다. 자녀의 의식주와 생활 습관을 확인하고 이를 **'객관적으로' 해석**해야 한다는 점이다.

내가 만났던 한 어머니는 아들이 고1 때 학교를 자퇴하고 2년 정도 집에 있었고 사회적 관계를 거의 맺지 않는다고 호소했다. 아들은 하루에 두 끼 정도 식사를 하는데 매일 밤 안주와 야식을 곁들여 술을 한두 병 마신다고 했다. 그런데 아들의 이러한 행동에 대한 어머니의 해석이 다소 의외였다. "요즘 그 나이 아이들 술 먹는 거 별로 특별하지 않잖아요? 애가 많이 답답하고 스트레스가 쌓이니 그렇게라도 풀어야죠."라고 말했다. 그러한가? 이는 청소년의 음주가 옳다 그르다의 문제를 떠나, 반복되는 음주로 인해 무너지는 신체 건강과 관련된 문제이다. 또한 고립된 상태에서 술에만 의존하는 상황은 자칫 알콜중독으로 이어질 수도 있다. 어머니가 당장 아들의 음주를 막을 수 없다 하더라도, 최소한 '고립·은둔과 별개로 새로운 문제가 나타나고 있다'라는 문제의식이 있어야 이후에 어느 쪽으로 자녀를 도울지 제대로 정할 수 있다.

나는 이럴 때, 자녀의 현 상태를 **제삼자의 눈**으로 보라고 권한다. 즉, '부모인 내가 아니라 관련 없는 사람들이 본다면 내 자녀의 상태에 대해 어떤 문제의식을 갖겠는가, 어느 부분에 가장 먼저 도움이 필요하다고 보겠는가?' 질문하며 객관적 시각으로 보는 것이다. 현 상태를 '가엽고 안쓰러운' 내 자녀의 문제로 본다면 실상이 축소되거나 왜곡될 수 있다. 쉽지 않은 일이지만, 고립·은둔 자녀를 좀 더 효과적으로 돕기 위해서는 구체적이며 동시에 이성적인 판단이 필요하다.

부모의 바람과 조바심 사이에서

— 은톨이 가족에게 전하는 조언 2 —

둘. 자녀에 대한 나의 바람을 구체적으로 확인하자.

앞서 말했듯, 자녀의 고립·은둔 문제로 센터를 찾는 부모
나 가족이 가장 자주 호소하는 내용은 자녀를 '빨리 방에서 나
오게 해달라.' '제발 사회생활을 다시 하게 해달라.'이다. 다급한
심정은 이해하지만 상황을 파악하지도 못한 채 이들의 요구대
로 해줄 방도가 없다. 그래서 부모나 가족이 원하는 바, 즉 **상
담이나 도움의 목표**가 무엇인지 자세하게 묻는다.

딸의 고립·은둔이 수년간 지속되어 고통스러운 시간을
보낸 한 아버지가 나를 찾아오셨다. 그는 화를 낼 힘도 없는 듯
힘겹게 말을 이어갔다. 아버지에 따르면 딸은 어릴 적부터 대

인 관계를 힘들어했다. 대학에만 들어가면 모든 게 해결될 거라는 부모의 기대를 저버리고, 전공에 흥미가 없고 교우 관계가 어렵다는 이유로 한 학기를 견디지 못하고 자퇴했다. 이후 부모는 재입학이나 재수를 권했고 아이는 간청에 못 이겨 몇 번 재수학원을 등록했지만 의욕 없이 다니다 곧 그만두었다. 알바, 취업, 교회 생활, 해외 연수 같은 활동도 권했지만 모든 것을 거부하며 숨어 들어갔다. 그렇게 6년여의 시간이 흘렀고, 이제는 부모와도 거의 대화를 하지 않게 되었다.

내가 어떤 도움을 드리면 좋을지 물었다. 이는 **딸이 어떻게 변하면 좋겠는지**를 묻는 질문이기도 하다. 아버지는 별 망설임 없이 이렇게 말했다.

"나는 대단한 거 바라지 않습니다. 딸이 그저 **평범하게** 살면 좋겠습니다."

아버지가 생각하는 '평범'의 개념에 대해 좀 더 구체적으로 물었고 대답은 이랬다.

"그냥 다른 젊은 애들이 사는 것처럼요. 대학 졸업하고, 웬만한 직장에 들어가고, 월급 잘 모아서 작게라도 자기가 살 공간 마련하고, 나이 차면 결혼해서 애들 잘 키우고 사는 거, 이게 평범한 거 아닙니까? 나는 큰 거 바라는 게 아닙니다."

어떤가? 현재의 대한민국 청년에게 웬만한 대학 졸업장, 직장, 내 집 마련, 결혼, 자녀 양육이 정말 쉽게 이룰 수 있는 평범한 과제들이라고 생각하는가? 청년들 스스로 자신을 'N포 세대'라 부르는 데 더해, (모든 청년이 그렇게 인식하지는 않겠지만) 한국 사회를 '헬조선'이라고 칭하기도 한다. 이런 상황에서 예의 아버지가 딸에게 품는 기대는 결코 평범하지 않다. 나는 조심스럽게 되물었다. "아버님, 지금 얘기하신 것들을 모두 이룬다면, 평범이 아니라 비범한 거 아닐까요?"라고.

특히 생각해봐야 할 점이 있다. 아버지가 기대하는 것이 **현재 딸의 상태와 얼마나 부합하는지**에 대해서이다. 딸이 현재 고립·은둔의 상태이니 진학, 취업, 결혼 등을 영원히 할 수 없다는 말이 아니다. 다만 딸의 현재 상태와 아버지의 목표점은 달라도 한참 다르다. 몸져누운 사람에게 100미터를 전속력으로 달리라는 말이나 다름없다. 사다리 맨 아래에 있는 사람에게 가장 꼭대기로 한 번에 날아오르라는 요구와 같다.

은둔이들에게는 목표를 한 번에 하나씩 해낼 수 있는 **기회들**이 주어져야 한다. **작은 성공의 경험**이 쌓여야 한다. 또한 그러기 위한 **시간이 허락**되어야 한다. 이에 더해, 그 힘든 과정을 함께해주는 사람, 그 사람의 **지지와 수용**이 필요하다. 만일 아버지가 이런 고려 없이 딸과 대화를 시도한다면 어떤 결과가 생길까? "너는 왜 이런 평범한 것도 해내지 못하냐"라는 실망과 비난이 전해지는 건 시간문제이다. 말로든 눈빛으로든 말이다. 딸은 지금 자신의 상태에서는 해낼 수 없는 요구들 앞에서, 저항하다 화내다 회피할 수밖에 없을 것이다. 이것이 은 톨이와 부모들의 관계가 자주 단절되는 이유 중 하나이다.

이런 예도 있다. 점잖은 중년 부부가 함께 센터를 찾았다. 아들이 고등학교를 자퇴하고 몇 년째 아무런 사회생활을 하지 않는다고 고통을 호소했다. 들어보니 자퇴 후 2~3년의 고립 생활 동안 아들의 일상생활은 무너져갔고, 최근에는 '나를 이 렇게 만든 건 부모'라며 비난을 쏟아내고 있었다. 성적이 우수 했고 교우 관계도 원만했던 아들이 갑작스레 관계를 단절하고 학교까지 자퇴하니 부모들은 번개를 맞은 것 같은 충격을 받 았다. 나는 부부에게 물었다.

"아들이 앞으로 어떻게 되기를 원하시나요? 아들의 어떤 모습까지 수용할 수 있으신가요?"

질문이 엉뚱하다는 표정으로 어머니는 눈을 동그랗게 뜨 며 바로 대답했다.

"고등학교는 당연히 졸업해야죠. 복학이 어렵다면 검정고 시를 봐서 졸업장 따고 대학 가야죠. 성적이 좋았으니까 조금 만 애쓰면 잘 갈 수 있을 거예요. 그리고 졸업하면 남들처럼 직 장 들어가고 결혼해서 살겠죠. 머리 좋은 우리 아들이 그러지 못할 이유가 없어요."

반면 아버지는 한참을 생각에 잠겼다. 이후 내놓은 대답은 어머니와 사뭇 달랐다.

"글쎄요……. 몇 년 동안 아이가 많이 변한 것 같아요. 지금은 학교 졸업이나 입학을 기대하는 게 중요할 것 같진 않아요. 일단 나는 아이가 좀 **편안해지면** 좋겠어요. 그걸 우리가 좀 도와주면 좋겠는데 방법을 잘 모르겠어요."

남편의 대답을 들으며 부인의 눈에서 레이저가 나왔다. 이게 무슨 말 같지도 않은 소리냐는 표정이 순식간에 얼굴을 덮었다. 그녀는 말했다.

"나는 그건 받아들이기 어려워요. 아니 요즘 세상에 그런 학벌로 어떻게 살아가요? 그건 말도 안 돼요."

이런 경우 어떤 상황이 벌어질까? 아버지는 자녀가 편안해지는 것만으로도 한시름 놓겠지만, 어머니에게는 이런 건 '변화'에 해당되지 않는다. 이러한 시각 차이 때문에 자녀에 대한 도움의 방향과 지원 목표, 방법에서 모두 불협화음이 생긴다. 상담자 앞이라 자신들의 솔직한 마음을 애써 점잖게 표현했지만, 부부가 가정에서 자녀 문제를 의논하며 시각 차이를 확인할 때는 갈등이 커지기 쉽다. '당신이 그런 생각을 하니까 애가 저러는 거다'라는 상호 비난도 심심치 않게 생긴다.

여기서 필요한 것은 **공조**이다. 지금 고민해야 할 것은 자녀의 고립·은둔 문제이다. 서로를 비난하고 원망하며 힘을 빼면 안 된다. 누가 옳고 그르고를 따지는 사이, 자녀의 고립·은둔은 심각해지고 적절한 골든타임을 놓칠 뿐이다. 부모나 양육자는 상대가 애쓰고 고민하는 바를 인정하고 지지해야 한다. 그렇게 할 때, 무릎이 꺾이기 일보 직전의 상태에서 버티는 부모가, 배우자로 인해 기운을 내고 서로 협력하며 어려움을 풀어낼 의지를 갖게 된다. 혹여 상대의 방향과 방법이 100% 틀리다고 판단될 때에도, 이에 대해 분노하고 뜯어고치기 위해 애쓰는 것은 아까운 에너지를 낭비하는 일이다. 목표는 자녀를 회복시키는 것이지 배우자의 가치관을 교정하는 것이 아니다. 만일 부모가 고립·은둔 자녀 앞에서 이러한 갈등을 보이면, 자녀는 더욱 숨어 들게 된다. 내 문제로 부모가 계속 싸우니 나는 정말 부모를 힘들게 하는 사람, 이 집안에서 없어져야 할 사람이 되는 것이다. 가족 간의 바람이 달라 생기는 갈등은 자녀가 해결해줄 수 없다. 자녀로 인해 생긴 갈등이라 하더라도 부모와 가족 스스로 조율하고 해결해야 할 문제이다. 어렵더라도 자기 자신의 감정에 갇히기보다는 더 넓은 목표와 지향을 따라 행동 반경을 잡아나가야 한다.

함께 바위를 굴리다

상담사 한 분이 가라앉은 목소리로 전화를 걸어왔다. 평소 차분하게 예의를 갖추고 늘 90도 가까운 인사를 하는 분이라, 다소 늦은 시간에 걸려온 전화에 의아한 마음으로 통화를 시작했다.

"최근 배정받아 상담을 시작한 내담자가……"

여기까지 들으면 나는 가슴이 콩닥거리기 시작한다. '무슨 일이 생긴 걸까?' '상담자가 힘들어서 포기하고 싶은가?' 혹시 내담자에게 위험한 상황이 생겼나?'라며 찰나의 순간에 근거도 없이 생각이 뻗어나간다.

하지만 뒷말을 들어보니 전혀 근거 없는 우려였다. 최근 만나기 시작한 내담자의 호소 문제가 '자신이 감당하기에 너

무 무겁다'가 골자였다. 내담자가 털어놓는 자책, 자기 신체에
대한 혐오감, 이로 인해 사람을 만나는 것에 느끼는 두려움, 방
안으로 숨어 들어가는 시간이 길어짐 등등의 호소 문제가 상
담자 자신을 너무 무겁게 짓누르고 있다고 했다. 그런데 이 내
담자가 상담 약속을 잘 지키고 꾸준히 오고 있어 마음이 더욱
어렵다는 하소연이었다. 상담을 하며 처음으로 '도망가고 싶다
는 감정'을 느끼고, 내일이 약속된 날인데 뭘 준비해야 할지 막
막하다는 것이 상담자의 고백이었다. 상담자가 상황을 다 전
하지는 못했겠지만, 도망가고 싶다는 고백만으로도 그의 막막
함과 무력감을 충분히 느낄 수 있었다.

　　상담 현장에 있으면서 이런 경험을 많이 한다. 다른 상담
자의 하소연을 듣기도 하지만, 내가 맞닥뜨리는 경험이기도
하다. 특히 고립·은둔의 어려움을 겪는 청년들과 그 가족을 대
할 때, 상담 현장에 30년 가까이 있었던 나도 정신이 멍해지곤
한다. 하지만 이들은 상담자를 힘들게 하기 위해 일부러 어려
운 과제를 던지는 것이 아니고, 지푸라기라도 잡고 싶은 심정
으로 이른바 전문가를 찾았을 뿐이다. 그런 마음을 잘 알기에
상담자 선생님들을 포함해서 나는 그저 곁에서 함께 견뎌내
며, 우리의 **도망가고 싶어지는 감정**과 씨름한다.

　　처음 고립·은둔 청년들을 돕는 기관을 운영하고 싶다고

생각했을 때부터 바란 것은 한 가지였다. **우리 사회의 소외된 사람들이 죄인처럼 숨어 들지 않기를 바라는 마음**이었다. 사회에서 소외되었다는 것은, 스스로를 소외시킨 경우도 있고 주변 사람들에게서 버려져(심리적이든 물리적이든) 소외된 경우 모두를 포함한다. 앞서 밝혔듯 우리 사회에서 청년들이 고립과 은둔의 상태가 되는 데에는 많은 요인이 원인으로 작용한다. 각 사람이 각기 다른 삶의 히스토리를 갖고 있듯이 고립과 은둔의 상황에 이르는 원인 또한 사람마다 다양하다. 하지만 내가 은톨이들과 만나며 세운 일종의 원칙은 원인 파악에 우선순위를 두지 않는다는 점이다. 각 청년이 왜 고립과 은둔의 상황에 이르렀는지 그 원인을 찾아내고 분류하는 것은 일종의 **분석**이다. 물론 원인 분석을 구체적으로 하고 그 결과에 따라 대응책을 마련하고 재발 방지를 위해 노력하는 것은 한 사람이 상처로부터 회복하고 치료되는 데 꼭 필요한 과정이기도 하다. 하지만 고립과 은둔 상황에서 처절하게 고통스러워하는 사람들을 돕는 데 분석 행위는 급선무가 아니다. 내가 만나고 있는 청년과 그 가족들은 **숨이 넘어가는 고통을 호소하며** 상담실로 달려온다. 몸을 움직여 세상 밖으로 나오지도 못하고, 전화와 온라인으로 접속하는 것이 그들이 할 수 있는 최선일 때도 많다. 하지만 어떻게 우리를 만나든 나와 상담자들은 은톨이들의 감당하기 어려워하는 고통을 고스란히 전달받게 된다.

이들은 연구자나 관찰자의 태도로 원인과 과정을 분석하는 사람에게서는 치유받기 어렵다. 이들에게는 **함께 아파하고 치유의 과정에 깊이 동행하는 사람**이 필요하다. 상담은 일반적인 관찰이나 연구와 다르다. **상담자와 내담자가 하나의 장場에 공존하는 것이 상담**이다. 내담자 홀로 장 위에 서서 자신이 왜, 어떻게 아프고 힘든지를 상담자에게 보고하고, 상담자는 지침을 내리고, 내담자는 지침에 따라 실천하는 것이 아니다. 함께 펼쳐놓은 장에 상담자는 내담자와 함께 주저앉고 머물러야 한다. '자, 내가 여기 이렇게 같이 앉아 당신과 고통을 나누려 합니다. 그러니 해야 할 것이 있다면 함께 해봐요.'라는 태도여야 한다.

이야기가 옆길로 빠졌다. 앞에서 내게 SOS를 쳤던 상담자는 다음 날 내담자를 만날 거다. 결국 도망가지 않고, 뾰족한 해결 방안을 준비하지도 못한 채로. 왜 상담자는 이렇게 대책 없는 상태에서도 내담자를 맞이할 수 있을까? 거의 대부분의 삶의 어려움들에 **뾰족한 해결 방안이 없다**는 것을 알기 때문이다.

우리 모두 이렇게 '답을 모르는' 것은 같지만 상담자와 내담자가 다른 점이 있다면, 일반적으로 내담자들은 문제에 대한 뾰족한 해결 방법을 상담자나 주변의 현자賢者가 제시해주길 더 많이 바란다는 점이다. 즉, 많은 내담자들은 인생의 어려움을 풀어줄 답이 어딘가에 뚜렷하게 존재한다고 믿는다. 내담자가 들으면 냉정하다 하겠지만, 우리 상담자들은 이러한 믿음을 비합리적이라고 말한다. 삶에서 '보다 현명하거나 적절한 것' 혹은 '내가 좋아하거나 싫어하는 것'은 있을 수 있지만, 전적으로 '틀린/맞는 것'은 처음부터 존재하지 않기 때문이다. 이 '답 없음'이 삶의 비밀이고, 답 없음을 마주하고 끌어안는 것이 우리 삶의 실상일 것이다.

내게 힘듦을 호소했던 상담자는 그렇게 내담자를 만나 그의 어려움을 책상 위에 올려놓고 함께 고민할 것이다. 시지프●처럼 끊임없이 굴러 내려오는 바위 때문에 절망하는 내담자에게, 기꺼이 **시간과 공간을 내주며** 함께 그 바위를 굴려 올릴 것이다. 그 **함께함**으로 인해, 고립·은둔 청년들은 작은 위안을 얻고 내면의 지혜를 찾아가는 힘을 얻게 될 것이다. 그리고 반복해서 바위가 굴러떨어지는 이유와 그것을 막거나 예방할

● 알베르 카뮈의 철학적 에세이 『시지프 신화』 속 주인공. 신들의 노여움을 사서 끝없이 바위를 언덕 위로 밀어 올리는 형벌을 받은 '시시포스(불어로는 시지프)' 신화를 인용하여 인간의 내재적 가치와 삶의 가치를 찾으려는 노력을 다룬다.

수 있는 방법을 차츰 배워가게 된다. 이러한 단순하지만 신비로운 과정을 나는 수십 년째 스스로 경험해왔고, 그 일을 하는 듬직한 상담자들과 함께하고 있다.

돌아보고 둘러보고 내다보기
― 은톨이 가족에게 전하는 조언 3 ―

셋. 과거로만 가는 것을 경계하자.

고립·은둔 문제를 접하는 대부분의 사람들은 젊은 나이에 스스로 사회 밖으로 물러나 닫힌 세계에 자신을 묶어두는 마음을 쉽게 이해하지 못한다. 일반 사람들도 그럴진대 내가 낳아 입히고 먹이고 이제까지 함께 생활하던 자녀가 그런 상태가 되면 부모는 도대체 왜, 어디서부터 잘못된 건지 되짚게 된다.

'아이가 초등학교 입학 때 학교생활을 힘들어했는데, 그때 우리가 너무 무심했나?'

'맞벌이하느라 애를 자주 혼자 둔 게 문제였나?'

'공부 부담을 너무 많이 준 게 문제였나?'

'게임 너무 많이 한다고 윽박지른 것이 문제였나?'

'우리 부부가 자주 싸우고 사이가 나빠 아이가 불안했나?'

'우리가 너무 동생만 예뻐했나? 그걸 저 아이는 차별이라고
여겼나?'

'직장 때문에 여러 번 이사하며 그때마다 전학시킨 게
문제인가?'

'적성에 맞지 않는 진로를 택해 저렇게 된 걸까?'

'집안에 우울한 사람들이 많은데 정신 건강 문제가 얘한테도
유전된 건가?'

'앞가림을 해야 한다고 취업 부담을 너무 많이 준 게
문제였나?'

아이의 고립·은둔에 영향을 미친 원인과 관련 요인을 찾
다 보면 부모는 과거의 사소한 사건들을 끝도 없이 회고하게
된다. 하나라도 뚜렷한 원인을 찾아내야 머리로라도 지금 상
태를 이해할 수 있을 것 같고, 그래야 제대로 된 해결 방안을
모색해볼 수 있을 것 같아서이다. 하지만 이런 접근은 연구자
의 태도이다. 지금 우리는 어떤 사회 문제를 분석하는 연구자
가 아니다. 특히 위의 질문들에 답을 찾아간다는 것은 대부분

과거를 탐색하는 일이다. 하나의 현상을 다루려면 과거, 현재, 미래를 두루 조망해야 하고 그 연결고리들을 잘 찾아가야 한다. 하지만 문제는 **과거에만 머무르며 현재와 미래를 뒤로**하는 데에 있다.

과거에 초점을 두는 것은 크게 의미가 없다. 그 이유는 첫째, 잘못한 시점, 즉 문제가 발생한 시기로 돌아갈 수 없기 때문이다. 그러니 원인을 알았다 해도 돌이킬 수 있는 게 거의 없다. 여기서 부모는 후회와 자책으로 더욱 무너진다. 또 한 번의 절망을 경험한다.

둘째, 아이에게 무엇을 잘못했는지 알게 되면 잘못을 제공한 사람은 사과와 반성을 한다. 그런데 그것이 은둔이의 회복에 큰 도움이 되는지 생각해볼 필요가 있다. 처음에는 부모의 사과와 반성을 조금 새롭게 듣지만, 무한 반복하면 고립·은둔 자녀들은 점점 '질린다'고 말한다. 게다가 슬프게도, 부모가 사과하고 반성한다고 해서 자녀가 곧바로 사회생활을 시작하지는 않는다. 소용없는 사과와 반성이 되는 거다.

셋째, 위 질문은 거의가 나와 우리 가족에 국한된 것들이다. 그런데 나는 **내 아이가 살아낸 삶의 일부분밖에 알지 못하고** 아이는 그중에서도 일부분만 나와 공유했을 뿐이다. 자녀의 고립·은둔에 영향을 미쳤을 학교, 대인 관계, 정치·경제·사회·문화적 요인들을 나는 알지 못한다. 그러니 내가 애써 찾아낸 원인은 극히 작은 부분일 수 있다. 어쩌면 주요 원인과는 거리가 먼 엉뚱한 것들일지도 모른다.

상황을 보다 넓고 크게 봐야 한다. 어떤 현상과 관련된 요인을 파악할 때 크게 세 가지로 구분해서 볼 수 있다. 이는 유발 요인arousing factors, 촉발 요인triggering factors, 유지 요인maintaining factors이다. **유발 요인**은 어떤 현상이 유발되는 데에 작용한 요인 모두를 말한다. 은톨이에게 대입하면, 그 사람의 기질이나 성격(수줍음, 낮은 유대감 등), 생리적-심리적 취약성(신체적 질병, 불안, 예민함 등), 가정 내 환경(부모의 양육 태도, 의사소통 방식, 자녀에 대한 기대와 평가 등), 학교/진로 관련 요인(교우 관계, 학교폭력, 진학/취업 실패 등), 사회문화적 요인(입시 전쟁, 취업 경쟁, 정형화된 사회적 시계 등) 등 자신-가정-학교-사회의 모든 요소가 유발 요인이 될 수 있다. 그중 일부 요인이 더 강하게 작용했을 수 있고, 여러 요인이 누적된 결과일 수도 있다.

그럼 **촉발 요인**은 무엇일까? 고립·은둔 현상이 본격적으로 나타나는 데에 뚜렷하게 영향을 미친 요인을 뜻한다. 많은 은톨이들은 "꽤 긴 시간 동안 위험이 누적되다가 어떤 사건이 계기가 되어 그때부터 고립·은둔했다."라고 말한다. 말하자면 여러 유발 요인 때문에 고통스러워하다가 '더는 못 견디고 무너지게 만든' 촉발 요인을 계기로 본격적인 고립과 은둔이 시작되는 것이다. 한 사람의 어깨에 돌이 쌓이면 한 개 두 개는 참을 수 있다. 그러다 임계치에 다다르면 작은 돌 하나가 얹어져도 무릎이 꺾이고 무너지게 된다.

주의해야 할 것은 촉발 요인이 고립·은둔을 본격적으로 시작하게 한 요인이기 때문에 눈에 잘 띈다는 점이다. 주변에서는 '바로 그 사건' 때문에 아이가 방으로 들어가기 시작했다고 여기기 쉽다. 전학 가서 친구들한테 따돌림을 받기 시작하면서부터, 여자친구랑 헤어진 뒤, 원하던 대학에 떨어져서, 게임 그만하라고 소리치고 한 대 때려서, 부모 나이가 있는데 네스스로 살아갈 대책이 뭐냐고 다그친 때부터…… 아마도 이런 사건 이후부터 자녀의 고립·은둔이 뚜렷해졌을 거고, 그러니 잠복되어 있던 유발 요인에 비해 촉발 요인은 비교적 쉽게 찾을 수 있다. 하지만 이 요인은 행동이 발현되게 한 요인일 뿐이다.

유발 요인과 촉발 요인을 아는 것은 자녀의 삶을 전반적으로 이해하는 데는 도움이 된다. 하지만 고립·은둔 상태의 자녀를 돕는데 가장 중요한 요인은 **유지 요인**이다. 이는 말 그대로 고립·은둔 상태를 유지시키고 나아지지 않게 만드는 요인이다. 밤샘 게임이나 영상 시청, 반복되는 음주처럼 당사자가 문제를 회피하기 위해 반복하는 행동이나, 비현실적인 목표와 기대('사람들과 멋지게 대화할 수 있는 사람이 되어야 밖으로 나갈 수 있다.' '남이 알아주는 학교/직장에 들어갈 준비가 되지 않으면 못 나간다.' 등), 혹은 경직되고 비합리적인 생각('나는 재미없는 사람이라 만남에서 피해만 준다.' '내 말투와 외모가 이상해서 모든 사람들이 싫어한다.' 등)이 지속되는 경우, 고립·은둔은 나아지기 어렵다. 이에 더해, 주변 사람들의 성취 압력이나 가족 불화, 가족 내 비효과적인 의사소통 등 유발 요인으로도 작용했던 것들이 전혀 개선되지 않는다면, 한 사람을 궁지로 몰아가는 상황은 계속된다. 유발 요인이 이제는 유지 요인이 되는 것이다.

그렇다고 희망이 없는 것은 아니다. 조금만 찬찬히 생각해보면 유발 요인이 작동한 시점은 모두 과거였음을 알 수 있다. 하지만 유지 요인이 작동하고 있는 시점은 **지금, 현재**이다. 과거는 어쩔 수 없을지 몰라도 현재, 그리고 미래는 우리가 어찌해볼 수가 있다. 다시 말해 어떤 유지 요인이 고립·은둔을 계속해서 **재생산**하고 있는지 확인하고, 이 중 무엇을 바꿀 수 있는지 살피는 것이 우리가 할 가장 중요한 일이다.

은톨이들은 대체로 외부에서 그들을 변화시키려는 데 비협조적인 경우가 많다. 따라서 그들과 관련된 특성들을 직접 바꾸기는 쉽지 않다. 이에 비해 주변에서 제공하고 있는 유지 요인이 무엇인지 살피는 것은 어렵지 않다. 따라서 확인된다면 그것부터 바꿔야 한다. 유지 요인은 가족 구성원에게 생활 양식처럼 들러붙어 있을 가능성이 높다. 그렇지만 이런 요소들이 발견되면 이를 조금씩이라도 덜 하고, 줄이는 노력이 필요하다.

자녀의 고립·은둔 문제를 일종의 **사고**로 가정해보자. 만일 자녀가 교통사고를 당했다면, 과거 그의 나쁜 생활 습관, 환경, 주변 사람을 점검하는 것이 우선일까? 그보다는 당연히 사고로 인한 피해 정도를 살피고, 지금 할 수 있고 해야 하는 치료에 초점을 맞출 것이다. 즉, 사고로 인한 상처를 치료하고 회복시키는 것이 가장 먼저 해야할 중요한 일이다. 왜 교통사고를 당했는지, 어디서부터 걸어오다가 사고를 당했는지, 이후 어디로 가고 싶은지는 추후에 따질 일이다. 이와 마찬가지로 자녀의 고립·은둔의 원인을 파악하고 되돌리려는 '과거 관련 노력'이 아니라, 지금 현재 어디가 얼마나 아프고 고통스러운지를 살피고 돕는 것이 우선 해야 할 일이다.

아무리 내 자녀라 할지라도 한 사람은 내가 보는 것보다 더 크고 넓고 깊을 수 있다. 그 사람의 아픔과 슬픔에 공감하려면 부모로서 익숙했던 시각에서 벗어나 여러 관점에서 자녀를 바라보아야 한다.

고통을 읽어주는 대화법

― 은톨이 가족에게 전하는 조언 4 ―

넷. 하지 말아야 할 말을 줄이고, 해야 할 말을 하자.

은톨이의 부모가 가장 힘들어하는 것은 자녀가 사회생활을 하지 않는 것이 아니다. 이보다는 자녀가 나와 대화조차 하지 않는다는 사실을 가장 못 견뎌한다.

자식이 나와 눈조차 맞추지 않고 목소리를 들어본 지도 언제인지 모르겠는 현실이 믿기지 않는다. 이는 악몽이고, 인생을 잘못 살아온 듯한 절망이고, 누구에게도 얘기할 수 없는 수치이다. 부모들은 학교나 직장은 둘째치고 부모와 얘기라도 하며 살면 좋겠다, 가족과 함께 밥이라도 먹으며 살면 좋겠다고 토로한다. 부모는 아이와 대화하고 싶다. 대화를 하며 내 아이의 마음을 이해하고 도울 방법을 찾고 싶다. 원하면 하늘의 달이라도 따다 주고 싶은 절실함으로. 그런데 자녀가 이를 차단한다. 혹은 다행스럽게 말이 오가는 상황이더라도, 생각했던 것과 달리 번번이 서로 마음이 상한 채 대화가 끝난다.

이럴 때 우선 현재의 대화 양상을 확인하는 것이 좋다. 대화가 차단된 기간이나 계기, 대화 주제, 빈도나 시간, 가족 중 좀 더 대화가 가능한 구성원이 있는지 같은 양상을 살피는 것이 필요하다. 이를 통해 당사자에게 불편함을 적게 주며 대화를 시작할 방법을 찾아볼 수 있다. 그리고 이런 조건들을 확인하다 보면 정작 부모가 자녀와 어떤 대화를 나누고 싶은지에 대해서는 정리하지 못했음을 알게 된다.

"만약 어떤 이유로라도 오늘 저녁 자녀가 방에서 나와 한 시간 정도 대화를 할 수 있게 된다면, **어떤 말을** 나누고 싶으신가요?"

나의 질문에 적지 않은 부모들이 답을 하지 못한다. 자녀와 나누고 싶다며 이런저런 주제를 말하기도 하는데 그 내용이 걱정스러울 때도 있다. 대화를 하는 게 중요한 게 아니라 '어떤 대화'를 하는지가 중요하다. 많은 부모가 은톨이 자녀를 비난하고 윽박지르고 모욕하는 것이 문제를 해결하는 데 도움이 되지 않는다는 것은 잘 안다. 하지만 비난하고 윽박지르지 않더라도 '이런 말이 무슨 문제지?'라고 여기는 말, 그래서 부지불식간에 **소통에 어려움을 만드는 대화 실수**를 저지르곤 한다. 다음의 예시를 보자.

묻고 또 묻고, 답 기다리기

"뭐 먹고 싶니?"

"하고 싶은 게 뭐니?"

"제일 힘든 게 뭐니?"

"(도대체) 무슨 이유로 그러고 있니?"

"우리한테 바라는 게 뭐니?"

"우리가 뭘 도와줘야 하니?"

"방에서 (도대체) 뭐 하고 있니?"

"언제 밖으로 나갈 거니?"

"우리가 어릴 때 너무 외롭게 둬서 그러니?"

"너무 공부하라고 압력을 줘서 그러니?"

모두 **질문형 문장**들이다. 이런 질문형 문장을 자제해야 하는 이유는 여러 가지다. 첫째, 듣는 사람에게 긴장을 일으킨다. "우리한테 바라는 게 뭐니?"라는 문장을 예로 들어보자. 이 질문을 듣는 순간, 의도하지 않았다 하더라도 '지금 당장 답을 달라.'라는 정서가 함께 전달되기 쉽다. 이 말 대신 "우리에게 바라는 게 있으면 말해주면 좋겠다."라고 평서문으로 말할 수 있다. 같은 메시지를 담지만 의문문에 비해 **평서문**은 덜 공격적이다. '생각해보고 천천히 말해달라'라는 보다 여유로운 정서를 전달할 수 있다. 이렇게 말꼬리만 내려 전달해도 은톨이가 질문을 받으며 느낄 긴장감이 다소 줄어든다. 특히나 질문을 여러 개 연달아 한다면 이는 대화가 아니라 취조가 된다. 한쪽은 공세를 퍼붓고 다른 한쪽은 구석으로 몰리며 은톨이는 방 안으로 더 숨어 들기 쉽다.

둘째, 앞의 질문 중 일부는 은톨이 스스로도 대답하기 어려운 것일 수 있다. 예를 들어, "도대체 어떤 이유로 이러니?"라는 질문을 생각해보자. 이런 질문을 고립·은둔 자녀에게 해본 많은 부모들은 자녀로부터 속 시원한 답을 듣지 못했다고 호소한다. 자신이 고립·은둔하게 된 이유에 대해 일목요연하게 설명할 수 있는 은톨이는 많지 않다. 이들도 대부분 내가 왜 이렇게 세상을 피하는지 나 자신도 이해하기 어렵다며 답답해한다. 이들은 몰아치는 질문에 대해 답을 **안 하는 것이 아니라 '못 하는' 것**일 수 있다.

셋째, 질문에는 이런 특성도 있다. 질문을 받은 사람은 그 질문에 답을 해야 하고, 질문을 던진 사람은 상대가 답할 때까지 기다려야 한다. 답이 돌아오지 않으면 부모는 자녀를 재촉하기도 한다. 질문과 답이라는 구조 속에 압력이 담기는 것이다. 은톨이의 부모들은 이런 방식의 대화를 계속한 뒤에 애가 도대체 묻는 말에 답을 안 한다며 가슴을 친다. 물론 모든 관계에서 질문이 다 문제가 되는 것은 아니다. 하지만 이제까지 대화가 원활하게 이뤄지지 않았다면 질문, 특히 질문 공세는 정말 조심해야 한다.

꼭 질문을 해야겠다면 물음표를 사용하지 않는 문장을 전해보자. 부모는 말하고 싶은 것을 전달하고 은톨이는 지금 당장이 아니라 다음에, 나중에, 생각나면 답하면 된다.

"먹고 싶은 거나 필요한 게 생기면 말해주렴."

"나는 널 돕고 싶으니, 혹시 내가 도울 게 있으면 얘기해주면 좋겠다."

"나는 네 마음이 많이 궁금하지만 지금 얘기하기 싫으면 안 해도 된다. 말하고 싶을 때 얘기해주렴."

자책하고, 끝없이 용서 구하기

"네가 학교에서 친구들 때문에 힘들어했을 때 우리가 몰라줘서 정말 미안하다."

"그때 엄마 아빠가 네 앞에서 너무 많이 싸웠지. 너무 후회된다. 시간을 돌리고 싶다."

"먹고사는 게 바빠서 네 마음을 헤아리지 못했다. 우리의 어리석음을 제발 용서해주렴."

"학원 여러 군데 보낼 때 네가 아무 말 안 해서 그렇게 힘든 줄 몰랐다. 내가 정말 바보 같고 멍청했다."

"다 내 잘못이다. 네가 원하면 매일 저녁 무릎이라도 꿇고 사과하겠다."

"내가 부모 자격이 없다. 나 같은 부모 만나서 네가 이렇게 된 거다."

부모로서 과거의 잘못을 확인하고 자녀에게 사과하는 것은 크게 문제될 게 없다. 자녀가 부모의 잘못을 지적하고 원망할 때 이를 인정하고 받아들이는 것은 성숙한 행동이기도 하다. 그런데 여기서 문제는 '진심'이다. 은톨이 자녀의 지적이나 원망이 타당하다고 여기지 않으면서 '공감부터 해주자', '사과부터 하고 보자'라는 마음으로 대하면 자녀는 이를 금세 알아차린다. 이렇게 되면 원래 의도가 그렇지 않았다 하더라도, 부모의 사과는 '고립·은둔을 그만두게 하려는 가식'이 되어버린다.

이보다 더 좋지 않은 경우는 부모가 반복해서 사과하고 자책하는 것이다. 만날 때마다, 대화를 할 때마다 부모가 계속해서 뉘우치고 반성하고 사과하고 눈물 흘린다면, 은톨이에게 그 대화는 몹시 괴로운 시간이 되어버린다. 처음에는 신선하게 받아들여지던 사과도, 시간이 갈수록 고장 난 녹음기에서 나오는 곡조처럼 여겨진다. 사실 은톨이 대부분은 부모에게 복수하기 위해 방 안으로 들어가는 게 아니기 때문에, 부모가 눈물로 세월을 보내는 모습은 이들에게 또 다른 부담이 된다. 이것이 부모의 사과만으로 자녀의 고립·은둔이 잘 나아지지 않는 이유다. 두 사람이 서로 주고받는 대화가 필요한 것이지 한 사람의 반복된 후회와 자책을 일방적으로 전달하는 건 중요한 일이 아니다.

간청하고 요구하기

"날씨 좋은데 동네 한 바퀴라도 걷고 오렴."

"머리가 너무 길구나. 제발 미용실 가서 다듬고 오자."

"그렇게 밤새 게임만 하지 말고 제시간에 자고 일어나렴."

"제발 상담 받으러 가자."

"병원 가서 약이라도 먹어보자."

"너한테 딱 맞는 프로그램이 있던데 거기 한 번만 가보자."

"네가 정말 좋아할 것 같은 활동이 있는데 참석만이라도 한번 해보자."

"○○이가 너랑 얘기 나누고 싶다고 하는데, 한 번만 만나보렴. 옛날에는 곧잘 어울려 다니던 친구잖니."

"집에만 있어 답답할 테니 오랜만에 가족여행 다녀오자. 너 바다 좋아하잖니."

언뜻 보면 한집에 사는 부모가 자녀의 일상을 챙기며 당연하게 할 수 있는 말들이다. 그렇지만 자녀가 고립·은둔하고,

부모와 편하게 대화가 이어지지 않는 상태라면 문제는 달라진다. 부모가 쉽게 전하는 요구들도 은톨이 자녀에게는 매우 어려운 과제일 수 있다. '동네 한 바퀴 돌기'를 은톨이의 시각에서 찬찬히 살펴보자.

1. 현관문 열고 나가기 ― '마침 옆집에서 사람이 나오면 어쩌지? 왜 낮에 집에 있냐고 물으면 뭐라고 말하지?'

2. 엘리베이터 타기 ― '엘리베이터에서 아는 사람 만나면 어쩌지? 위층, 아래층 사람이 타면 어떡하지?'

3. 공동현관 벗어나 아파트 입구까지 가기 ― '이 동네 오래 살아서 나를 아는 사람이 많은데, 그 사람들이 '오랜만이다. 요즘 어떻게 지내니?' 이렇게 물어보면 어쩌지? 뭐라고 대답하지?'

4. 상가와 학교 앞을 지나 한적한 산책로까지 가기 ― '학교 앞이라니…… 애들은 지금 학교에서 한창 공부할 텐데 나는 여기서 뭐 하나. 혹시라도 아는 애 만나면 어떡하지. 저 상가와 가게들 다 내가 다니던 곳인데, 나 아는 사람 많을 텐데. 지금 내 몰골을 그 사람들이 보면 어떡하지…… 아, 끔찍하다.'

5. 산책로에 들어서기 전의 풍경 보기(멀리 보이는 건물들, 빠르게 달리는 차, 웃고 떠들며 지나가는 사람들) ― '아! 나만

빼고 모두들 저렇게 활기차게 사는구나. 다들 뭔가를 열심히 하고, 할 일이 있고, 사람들과 잘 지내고, 모두 행복하구나. 나만 빼고…….'

6. 산책로 걷기 ― '겨우 요만큼, 그것도 이렇게 천천히 걷는데 왜 이렇게 힘들지? 햇볕도 오랜만에 쐬어서 그런지 너무 눈부시네. 그리고 걷는 사람들이 생각보다 많다. 저 사람들 눈에도 내가 한심해 보이겠지…….'

7. 집으로 돌아가기 ― '아! 어떻게 집까지 돌아가지? 아까 그 길을 다시 지나가야 하다니, 그 경험을 다시 해야 하다니…… 너무 피곤하고 힘들다. 다시는 나오지 말아야겠다.'

어떤가? 너무 지나친 상상 같은가? 내가 만나온 고립·은 둔 청년들이 직접 표현한 말들이다. 오랜 시간(아니, 어쩌면 그리 오랜 시간이 아니더라도) 사회에서 스스로 격리해온 사람이 세상과 마주하며 가질 수 있는 매우 당연한 생각과 감정들이다. 오 랫동안 가꾸지 않아 외모는 엉망인 데다, 자신만이 뒤쳐져 있고 자신만이 세상에 속해 있지 않다고 여기는 사람이 해야 하는 산책인 것이다. 산책도 이런데 미용실, 여행, 옛 친구와의 만남이라니, 사람들이 무심코 던질 질문 '너 지금 뭐하니?'에 답해줄 것이 없다. 나를 궁금해하고 또한 한심하게 여길 사람들과 한 번도 마주치지 않고 무사히 산책을 마칠 거라는 행운이 있을 리가 없다. 상상만으로도 지치고 식은땀이 난다.

상담이나 관련 활동에 참여하는 것도 마찬가지다. 은톨이들은 **스스로를 긍정적으로 받아들이지 않는** 경우가 많기 때문에, 자신이 타인에게 공감받고 수용될 거라고 생각하지 않는다. 어떤 요구에든 '사람들이 나를 한심하게 볼 거야. 내 상황을 이해하지 못할 거야.'라는 생각을 먼저 한다.

이렇게 부모는 '간단하다'며 요구하는 활동도, 은톨이에게는 죽도록 힘든 과정일 수 있다. 그러니 은톨이의 자리에 서 보아야 한다. 그들이 보는 세상이 맞든 틀리든, 과장되었든 왜곡되었든 그건 중요하지 않다. 그들이 끼는 렌즈로 세상을 보면서 그들 눈에 세상이 어떻게 펼쳐질지를 구체적으로 생각해보아야 한다. 그리고 그 마음을 공감해줘야 한다. 그래야 부모는 자녀가 들어줄 수 없는 요구들을 내려놓고, 그들의 고통을 읽어주는 대화를 시작할 수 있다.

대신, 더 가볍고 부담 없는 주제로 얘기를 건네보자. 날씨, 음식, 내가 경험한 일상에 대해서. '오늘 집에 오는데 날이 많이 덥더라. 시원한 냉면 생각이 나더라.' '오늘은 비가 오니 부추전 해 먹어야겠다. 너도 원하면 얘기하렴.' '어제 회사 전체 회식 때 한 분이 어찌나 노래를 잘하는지 깜짝 놀랐다. 평소에는 조용한 분인데, 마이크 앞에서 가수처럼 노래하는 게 정말 멋졌다.' 이런 말에는 듣는 사람이 실행해야 하는 요청이 전혀 들어 있지 않다. 그저 나의 이야기를 하고 있다. 내가 경험한 것, 내가 느낀 것, 나의 일상에 대한 이야기를 상대에게 두런두런하는 거다. 끊어진 대화는 이렇게 잔잔하게, 상대에게 부담을 주지 않는 방식으로 시작해야 한다.

기한 정하고 통보하기

"다음 달 할머니 생신에 너도 가자. 너 많이 보고 싶어 하시니 이번에는 빠지면 안 된다."

"다음 주 화요일에 병원 예약 잡아놨으니 꼭 같이 가자."

"경험 많은 전문가가 방문상담 해줄 수 있다 해서 어렵게 이번 주말에 약속했다. 잠깐이라도 좋으니 만나보자."

"이렇게 집에만 있으면 돈 쓸 데도 없으니 용돈은 이번 달까지만 주겠다."

"더 이상은 기다릴 수 없다. 올해 말까지 어떤 진로를 택할 건지 우리에게 알려줘야 한다."

"학교로 돌아갈지 말지 이번 달 말까지 네가 결정하고 알려주렴."

"더는 안 된다. 올해 말에 방 얻어줄 테니 나가서 혼자 살아라. 나머지 먹고사는 건 네가 계획 세워라."

모두 고립·은둔 자녀의 회복에 큰 도움이 될 것 같은 일들이다. 이제까지 시간만 끌어왔으니 기한을 정하고 구체적으로 실천하면 좋겠다고 부모는 생각한다. 그런데 누가 정한 일이고 누가 정한 기한인가? 여기에 은톨이 당사자의 의사는 없다. 그러니 은톨이가 따르기 어렵다. 또한 제안한 기한이 지나면 부모는 '저 아이는 번번이 내 제안을 듣지 않는다.' 혹은 '약속을 지키지 않는다.'라는 생각을 하게 된다. 그런 동시에, 대부분의 부모는 정작 기한이 지나 자녀에게 아무런 변화가 생기지 않아도, 자신이 말한 대로 용돈을 끊거나 자녀 혼자 살도록 내보내지 못한다. 자녀가 그런 준비가 되어 있지 않음을 잘 알기 때문이다. 이어지는 악순환으로, 은톨이 자녀는 부모가 스스로 선포한 바를 앞으로도 지키지 않을 거라는 걸 알게 된다. 이렇게 부모는 제안하고, 제안은 지켜지지 않고, 실망을 반복한다.

부모들은 자주 묻는다. 대체 어떤 말을 해야 효과적이냐고. 받아들이기 어렵겠지만, 자녀의 상황을 이해해주기 위해 노력하는 말부터 시작해보자. 이해하려 노력한다는 것은 내 입장에서는 이해하기 어렵더라도 **'자녀의 입장에서라면 이렇겠구나'를 상상하는 태도**에서 나오는 말이다.

"네가 이러는 이유는 잘 모르겠지만 너도 힘들 것 같다. 그러니 묻지 않겠다."

"네가 이러는 것이 나는 힘들지만, 그래도 네가 더 힘들

듯하니 견뎌보겠다."

"지금은 네가 말하기 힘든 것 같으니, 네가 편안해질 때까지 기다려보겠다."

"혹시 내가 너에게 부담되는 말이나 하기 싫은 요구를 하면 알려주렴. 내가 네 마음을 모르고 그런 거니 알려주면 좋겠다."

"너를 늘 응원한다. 비판하고 평가하고 싶은 생각은 없다."

"네가 어떤 모습이어도 너는 내가 사랑하는 귀한 아들/ 딸이다. 그건 변함이 없다."

자녀는 부모가 나를 덜 추궁하고, 내가 힘들어하는 요구를 덜 하고, 혼자 정하고 혼자 통보하는 것을 덜 하는 모습을 보면서 부모가 달라졌다고 느낀다. 이렇게 부모에 대한 인식이 바뀌면 서로의 관계에서 큰 변화가 일어난다. 핵심은 대단히 효과적인 말을 하기보다 **불편하고 비효과적인 말을 덜 하는 것**이다. 이러한 말들을 줄이는 것만으로도 은둘이 자녀가 느끼는 감정은 크게 달라질 수 있다. 고립·은둔하는 자녀가 그저 사회생활을 다시 하기만을 바라는 마음에서 대화를 시도하는 것은 아닐 것이다. 그런데 자꾸 어긋나는 대화라면, 거기에는 아이가 아니라 나의, 부모의 바람만이 담겨 있지 않은지 살펴보자.

왜 제게만
이렇게 어려운 사례를 주세요

고립·은둔은 상담만으로 해결하기에는 복잡하고 어려운 문제이다. 내가 청년들의 소외와 고통에 관심을 갖기 시작하고 고립·은둔 문제에 집중하면서 가장 많이 한 말 중 하나는 **그럼에도 불구하고**이다. 변화를 기대할 수 없는 수십 가지 절망스러운 여건이 있음에도 불구하고, 변할 것 같은 기미가 손톱만큼도 보이지 않음에도 불구하고, 긴 시간과 에너지가 투입되어야 함에도 불구하고, 우리 사회 다양한 문제가 축적된 결과인 고립·은둔이 몇 개의 활동이나 상담으로 개선될 수 있을지 의심스러움에도 불구하고…… 이 모든 것들에도 불구하고, "할 수 있는 것을 고민해보자."라는 말을 나는 습관처럼 해왔다.

합이 맞는 사람을 만나는 일

"그럼에도 불구하고 해보자."라는 말 때문에 내 주변의 여러 사람이 고생해왔다. 특히 고립·은둔 당사자나 그 가족을 만나는 상담자들이다. 고립·은둔 문제가 상담으로 한 번에 해결되기는 어렵지만, 상담처럼 깊고 개별적인 만남을 거치지 않고서는 은톨이들 마음의 깊은 상처와 숨겨진 변화의 가능성에 접근조차 하기 어렵다.

은톨이와의 만남은 그 어떤 만남보다 상담자의 폭넓은 수용과 인내심이 있어야 한다. 또한 고도의 상담적 기술과 경험이 있어야 한다. 그래야 오랜 기간 자신을 철옹성 속에 가둬두었던 이들과 대화라도 할 수 있다. 고립·은둔 청소년이나 청년(혹은 가족)에게 상담 신청이 들어오면, 세부 요소를 고려해 가장 적합한 상담자가 누구일지 고민하기 시작한다. 사람 사이의 궁합을 따지듯이, 상담자와 내담자도 결이 맞는 정도가 있다. 어떤 상담자와 내담자가 만나느냐에 따라 상담 효과가 크게 달라질 수 있다. 당연히 내담자가 주요하게 호소하는 문제에 대한 상담자의 전문성과 경험이 가장 중요한 고려 요소이다. 구체적으로, 고립·은둔의 개인적·가정적·사회적 요인, 고립·은둔자들의 인지적·정서적·행동적 특징, 이들의 회복에 도움이 되는 구체적 방법들, 이들의 회복을 가로막는 장애물이 무엇인지 알고 이를 바탕으로 한 경험이 축적되어 있는 것이 중요하다.

하지만 상담에는 이러한 전문적 요소만 영향을 미치지 않는다. 내담자들은 상담자의 성별, 연령, 인상, 목소리, 말투, 태도, 지향하는 상담 이론(이에 따른 상담 방법) 등에 대해 좋고 싫음을 느끼기 때문에, 가능하다면 이러한 요소들이 서로 잘 연결되도록 하는 것이 좋다. **사람이라는 도구로 사람 간의 만남을 통해 사람의 삶을 다루는 것**이 상담이기 때문이다.

상담을 받아본 이들은 잘 알겠지만, 오랫동안 상담받고 싶다는 생각을 했다 하더라도 막상 상담실 문턱을 넘는 데는 용기가 필요하다. 특히 긴 시간 사회와 격리되었던 고립·은둔 청년들이라면 상담을 요청하기까지 수백 번 망설이고 수백 번 눈물을 흘렸을 것이다. 그 마음을 잘 알기 때문에 나는 고립·은둔을 주제로 상담을 요청받는 경우, 이 문제에 대해 경험이 풍부하고 내담자의 특성이나 요구와 잘 맞는 분을 연결하기 위해 특히 신중해진다.

무너지고, 무너지고, 또 무너졌던 이야기

스물여섯 살 세호가 상담을 신청했을 때도 그랬다. 구체적으로 어떤 경로로 상담을 신청했는지 정확히 기억나지 않지만, 세호의 사연을 들은 나는 과연 이 사례를 누구에게 부탁해야 할지 난감했다. 가정폭력을 일삼는 알콜중독자 아버지, 극도의 빈곤, 어린 시절부터 끊임없이 이어졌던 어머니의 자살 시도, 동생과 함께 방치되어 온 자신……

어머니는 세호 앞에서 여러 번 자살을 감행했고, 결국 세호가 고등학교 1학년 때 돌이킬 수 없는 방법으로 집에서 목숨을 끊었다. 그리고 그런 어머니를 처음 발견한 것은 세호였다. 어머니의 죽음 이후 세호는 자퇴를 했고, 아버지는 전보다 더욱 술에 의존하고 폭력까지 행사하다가 홀연히 집을 나가버렸다. 이후 두 형제는 말 그대로 어찌어찌 삶을 이어갔지만, 세호는 결국 깊은 우물과도 같은 은둔 생활에 빠져들었다. 세호와 달리 다행히 동생은 슬픔을 딛고 일어서 알바를 하고 직장을 다니며 가장 역할을 해냈다. 세호도 간혹 단기 알바를 하거나 사회복지 서비스를 신청하는 등 살길을 찾아 노력하곤 했지만, 문제는 뻥 뚫린 가슴이었다. 어머니의 죽음에 대한 충격, 상처, 분노, 알콜 중독 아버지의 여전한 괴롭힘(간헐적으로 찾아와 행패를 부리며 돈을 요구했다고 한다)이 세호의 마지막 남은 살아갈 힘조차 뺏어버리곤 했다.

세호는 간신히 버티며 무너지고 일어서고를 반복하고 있었다. 특히 위험한 건 세호도 이미 여러 차례 자살을 시도했고 요즘도 자살 사고가 높다는 사실이었다. 다행히 동생이 적극적으로 권유해 정신과 치료를 받고 약도 복용하며 기본적인 안전장치는 갖추었지만, 세호가 약을 성실하게 먹고 있는지도 확실치 않았고 조금만 충격이 가해져도 세호에게 어떤 일이 벌어질지 알 수 없었다.

경험 많고 내공 있는 상담자가 필요했다. 깊게 만나고 끈기 있게 참아내는 상담자가 필요했다. 이럴 때 떠오르는 상담자가 몇 있다. 그중 일 순위 상담자에게 연락을 했다.

"아무래도 이번에도(!) 세호는 선생님이 맡아주셔야겠어요."

상담자에게 세호의 대략적인 상황을 전달하자 상담자는 군말 없이 만나겠다고 했다. 그렇게 상담이 시작되었고 몇 개월이 이어졌다.

세호는 상담에서 어린 시절의 트라우마와 상처들을 토해내며 격하게 요동쳤고 고통스러워하며 울부짖었다. 누구든 만나는 것을 힘겨워했고 세상 누구보다 자신이 못나고 형편없다고 자책했다.

'세상 사람들은 다들 너무 훌륭하다. 나보다 훨씬 멋지고, 의지가 있고, 장점이 많다⋯⋯.'

세호의 눈에 타인은 모두 훌륭하고 자신은 최악이고 형편없었다. 요동치는 세호 곁을 상담자는 묵묵히 지켰고, 울부짖는 세호의 아픔과 함께했다. 경제적 어려움을 덜어주기 위해 사회복지 서비스를 연결해주려 노력했고, 세호가 알바를 하는 카페에 찾아가 격려해주기도 했다. 그곳은 '지나가다 들르는' 곳이 아니라 상담자 집과 편도 2시간 이상 떨어진 먼 길이었지만 말이다. 다른 내담자들에게도 그러했듯, 그리고 나의 기대와 어긋나지 않게 상담자는 이번에도 자신의 역할을 훌륭하게 해냈다. 상담이 진행되는 동안 세호의 여건은 하나도 나아지지 않았지만, 그의 격한 감정은 조금씩 잦아들었다.

어떻게든 덜 아프도록 손을 내미는

살아가면서 우리는 삶의 여건이나 상황이 바뀌길 바란다. 경제적 어려움이 나아지길, 아버지가 술을 끊고 가족들에게 돌아오길, 원하는 직장에 들어가길, 어머니의 잔소리와 간섭이 사라지길, 친구들이 나를 더 이상 괴롭히지 않길, 내 외모가 멋있어지고 친구들이 나를 좋아해주길, 우리 집안 형편이 나아지길…… 하지만 야속하게도 이런 삶의 조건이나 상황은 쉽게 바뀌지 않는다. 어찌보면 천재지변이 일어나는 것보다 내가 처한 상황이 바뀌는 것이 더 드문 일이다.

그렇다면 우리는 어떤 변화를 기대할 수 있는가. 그건 외부 상황의 변화가 아니다. 내가 바꿀 수 있는 것은 그런 상황을 대하는 **내 삶의 태도의 변화**이다. 지긋지긋하게 원망하던 사람에게서 장점을 조금씩 볼 수 있는 변화, 아무것도 할 줄 모른다고 생각하던 나도 무언가 할 줄 아는 것이 있음을 알게 되는 변화, 파국이라고 절망하던 상황에서 '그래, 조금씩 이겨내보자'라고 용기를 내는 변화……. 놀랍고도 혁명적인 변화이다. 같은 삶의 현장에서 다른 삶을 살게 하는 변화이다. 우리가 완전히 다른 사람처럼 살 수 있게 되는 변화이다. 삶의 태도가 변하면서 우리의 시각과 삶을 대하는 방식이 달라지고, 그로 인해 차차 상대의 반응도 달라지게 된다. 이러한 상호작용이 쌓이며 우리는 어느 새 달라진 관계 패턴을 경험하게 된다.

상담을 받는다고 모든 사람이 이렇게 변하기는 어렵다. 하지만 아주 작게라도 변화를 경험하게 되면, 그 사람은 이번 경험을 통해 다음 어려움에 맞닥트릴 때 용기를 내 직면할 수 있게 된다. 맞서보니 넘을 수 있었다는 성공의 경험이 있기 때문이다. 중요한 것은 그 성공의 경험에 함께해준 사람이 있다는 점이다. 혼자서는 만들기 어려웠던 계기를 만들어주고, 실천을 구체화해주고, 무서워 보였던 그 길을 함께 가준 사람이다. 결국 우리에게는 **믿어주고 동행해주는 사람**의 존재가 중요한 것이다.

이를 생텍쥐페리는 『어린왕자』에서 이렇게 멋지게 표현

했다. "별들이 아름다운 것은 보이지 않는 한 송이 꽃 때문"이고, "사막이 아름다운 것은 어딘가에 샘물을 감추고 있기 때문"이다. 즉, 내가 소중하게 여기고 나를 소중히 여겨주는 하나의 존재만 있으면 세상은 아름다울 수 있는 것이다. 그런 동시에, 그 하나의 존재가 없다면 세상은 절망일 수 있다.

세호의 상담자는 그 역할을 하기에 여러 면에서 준비된 사람이었다. 그렇게 세호가 차츰 세상에 발을 디뎌갈 때 상담자와 얘기를 나눴다. 정말 고맙다고, 큰 수고하신다고 마음을 전했다. 상담자가 웃으며 속내를 보였다.

"교수님, 너무하세요. 왜 제게만 이렇게 혹독하세요? 왜 제게만 늘 최강(!) 사례를 주세요? 흑흑……."

웃으며 나눈 대화였지만 여러 마음이 전해졌다. 여러 번 올라왔을 포기하고 싶은 마음, 잘하고 있는지에 대한 불안, 잘못되면 어쩌나라는 두려움, 큰 시간과 에너지를 써야 하는 피로 등……. 한 사람을 일으켜 세우는 일이 녹록지 않음을 나도 잘 알기에 상담자의 마음에 충분히 공감할 수 있었다. 그럼에도 나는 이렇게 대답할 수밖에 없었다.

"선생님. 다음에도 선생님일지 몰라요. 그런 사례가 제발 많이 들어오지 않기를 바랄 뿐이지만요. 하하."

상담자와 나는 안다. 그런 사례를 많이 만나지 않기를 바라는 것이 아니라, 그런 고통으로 울부짖는 청년들이 많지 않기를 바라는 마음인 것을. 사람 사는 세상에 고통이 없기를 바라는 것은 이상일 거다. 하지만 어떤 사람의 고통에 손 내미는 일을 누군가는 해야 하고 그걸 나와 우리가 할 수 있다면, 그 일은 능히 해낼 수 있는 일이 될 것이다.

불안의 핵심을 들여다보기

— 은툴이 가족에게 전하는 조언 5 —

다섯. 무엇에 대한 불안인지 확인해보자.

고립·은둔 자녀를 둔 부모의 마음은 어떨까? 센터를 찾아온 많은 부모들은 이런 속내를 털어놓는다.

내 아들/딸이 고립·은둔 상태에 있다. 또래 대부분은 아침에
눈뜨면 부지런히 학교, 직장에 가기 위해 집을 나서는데,
이 아이는 기약 없이 집에만 있다. 다른 아이들은 친구를
불러내고 친구와 여러 세상 경험을 하며 돌아다니는데, 내
아이는 연락 오는 것도 차단하며 나갈 생각을 않는다. 이
나이 됐으면 자기 혼자 살아갈 궁리를 하고 학교는 몰라도

자격증이든 알바든 미래를 준비해야 하는데, 준비는커녕 집에서 게임만 한다. 거기까지도 봐줄 수 있다. 헌데 밤새 영상 보고 낮에는 잠만 자는 건 정말 못 참겠다. 게다가 해주는 밥도 제때 안 먹고 자기 방에서 배달 음식 시켜 먹는 건 미칠 지경이다. 특히 왜 나나 가족들과 말조차 하지 않는지 정말 이해가 되지 않는다. 묻는 말에 대답도 없고, 자기 생각도 말하지 않고, 얼굴 마주치는 것조차 피하려 하니 속이 터질 것 같다. 내 자식이 이렇게 될 줄은 꿈에도 상상한 적이 없다. 이건 악몽이고 지옥이다.

고립·은둔 자녀를 둔 부모로서 나를 가장 불안하게 하는 것은 뭘까? 내가 잠도 못 자고, 먹지도 못하고, 사람들과 어울리지도 못하고, 누구에게도 터놓지 못하며 걱정하는, 가장 마주하고 싶지 않은 두려운 결과는 뭘까? 부모가 느끼는 불안은 어쩌면 자녀에 대한 것만은 아닐지도 모른다.

자녀와 관련된 걱정과 불안
— 사회적 독립
- 학교를 다니다 말았으니 다른 사람들에 비해 학력이 낮아서
- 특별한 자격증도, 경력도 없으니 취업하기 어려울까 봐

- 스스로 직장을 알아보지도 않으니, 앞으로도 취업 자체를 못 하고 살까 봐
- 자기 생활비라도 벌며 살아야 할 텐데 경제적 자립이 안 될까 봐

— 대인 관계
- 친구나 사람 만나는 걸 너무 힘들어해서 나중에도 친구 없이 지낼까 봐
- 모든 것이 사람 관계 속에서 이뤄지는데 도와주는 사람 없이 외롭게 지낼까 봐
- 남자/여자친구도 없이 지내다 결혼도 못 할까 봐
- 직장에 들어가도 관계가 힘들어 버티지 못할까 봐

— 신체 건강
- 오랫동안 몸에 좋지 않은 음식을 불규칙하게 먹고 있으니 건강이 나빠질까 봐
- 외출도 거의 없고 햇볕도 잘 쐬지 않으니 몸이 약해질까 봐
- 컴퓨터, 핸드폰만 계속 보니 자세도, 근육, 뼈도 모두 나빠질까 봐
- 살이 많이 쪄서 여러 질병이 같이 생길까 봐

- 오랫동안 잘 씻지 않으니 피부, 치아, 모발이 나빠질까 봐

— 정신 건강
- 오랫동안 혼자 지내 우울하고 불안해 보이는데 이런 증상이 더 깊어질까 봐
- 가끔 소리 지르고 이상한 행동을 하는 걸 보면 정신적 문제가 생긴 것 같아서
- 정신과 병원에 입원하거나 약물로 치료해야 하는 상태인 것 같아서
- 지금은 경미해도 앞으로 조현병처럼 더 큰 병이 생길 듯해서

나/가족과 관련된 걱정과 불안
— 주변의 비난
- 주변 사람들이 '아이를 어떻게 키워서 저러냐'고 비웃을까 봐, 비난할까 봐
- 자녀의 성취는 부모의 훈장이라는데, 아이가 저렇게 된 게 다 내 잘못이라고 할까 봐
- 남편/아내까지도 아이가 이렇게 된 게 내 탓이라고 생각할까 봐
- 친구, 지인, 이웃들이 내 아이에 대해 수근댈까 봐

─ 타인들과의 관계

• 다른 사람들이 진학, 취업에서 잘된 자녀들을 자랑하는 걸 들으면 내가 더 힘들어질까 봐

• 우리 집 사정을 잘 알지 못하면서 사람들이 위로도 되지 않는 조언과 충고를 할까 봐

• 내가 사람들과 어울려 다니면 아이를 덜 신경 쓰게 될까 봐

• 자녀는 모든 관계를 끊고 사는데 나만 사람들과 웃고 떠들고 다니는 게 문제를 더 악화시킬까 봐

• 자녀의 상태 때문에 집에 사람을 초대할 수도 없어 모임을 지속하는 게 어려워서

─ 나와 가족의 미래

• 우리 부부도 늙어가는데 언제까지 아이를 돌보고 양육해야 하는지

• 자녀의 의식주 모두 우리가 책임지고 있는 지금 상태가 얼마나 오랫동안 계속돼야 하는지

• 자녀에게 계속 많은 돈이 들어가서 우리의 노후 준비를 못 할까 봐

• 매일 자녀의 식사, 수면을 챙기고 실랑이하는 것이 너무 지치고 힘든데 내가 언제까지 버틸 수 있을지

- 한 아이의 고립·은둔 때문에 다른 자녀도 같이 힘들어해서 그 아이에게도 문제가 생길까 봐
- 자녀 문제로 부부 간에 싸움이 계속되고 있어 부부 사이에도 문제가 생길까 봐

이 중 나는 무엇을 가장 걱정하고 두려워하고 있을까? 자녀와 관련된 걱정이 더 큰가? 나나 가족과 관련된 걱정이 더 큰가? 아니면 혼재되어 있는가?

걱정과 불안이 클 때는 이렇게 구분해서 살펴보는 것이 좋다. 은톨이 아이에 대한 불안이 큰지, 그렇다면 그중 어떤 영역에 대한 불안이 가장 큰지, 그리고 지금 아이의 어떤 행동 때문에 미래에 대한 불안이 더 커지는지도 살펴보자. 마찬가지로, 나나 가족과 관련된 불안이라면 어떤 영역에 대한 불안이 큰지, 그 불안은 현재 아이의 어떤 행동 때문에 증폭되는지 살펴보자. 흔히들 '막연한' 불안이 '불현듯' 올라와 힘들다고 말한다. 막연한 감정을 가능한 한 구체적으로 살펴보는 일은 **거대한 불안의 실체를 하나하나 풀어간다는** 점에서 내게 꽤 큰 안정을 가져다준다. 불현듯 올라오는 불안도 사실은 뒤섞인 채 묻어둔 감정이 더 버티지 못하고 튀어나오는 것이기 때문에, 이렇게 차근차근 들여다보고 정리할 때 감정의 '튀어나옴'으로 인한 당혹감이 줄어들 수 있다.

덧붙여 만일 나의 불안감이 아이와 관련된 거라면, '이 아이는 나를 불안하게 만들려고 일부러 지금 같은 행동을 하는 걸까?'에 대해 생각해보자. 물론 자녀가 "나를 이렇게 만든 건 부모이니, 내가 최대한 힘들게 만들어주겠다." 같은 독기 어린 말을 내뱉는 경우도 간혹 있다. 하지만 내가 만나본 많은 고립·은둔 청년들은 가족에게 복수하거나 괴롭히기 위해 방 안으로 들어가는 게 아니다. 누군가를 괴롭히기 위해 자신의 삶을 바치고 망가트리는 사람은 없다. 또한 대부분의 고립·은둔 청년들은 자신의 고통과 씨름하느라, 부모에게 복수하겠다는 의지를 갖거나 부모의 고통을 덜어주기 위해 애쓸 만큼의 에너지가 없다. 즉, 그럴 **겨를조차 없다**고 말한다.

은톨이 아이를 두고 부모인 내가 불안해하는 대부분의 항목들은 사실 고립·은둔 당사자가 매일매일 불안해하는 문제들이기도 하다. 그러니 **부모의 불안까지 얹어 아이의 짐을 더 하지 않는 것**이 필요하다. 반면, 지금 나를 짓누르는 불안이 나 자신이나 가족과 관련된 경우를 생각해보자. 여기서도 은톨이 자녀가 할 수 있는 건 거의 없을 거다. 엄밀하게 말해, 이러한 불안은 고립·은둔 자녀의 몫이 아니라 부모와 가족의 몫이다. 냉정하게 들리겠지만 이 불안과 싸우고 불안을 조절해야 하는 사람은 부모와 가족이지 은톨이 당사자가 아니다. 그들은 그럴 수도 없다. 고립·은둔 자녀는 자신들의 뒤엉킨 생각과 감정만으로도 현재 **과부하 상태**에 있다. 부모가 매번 깊은 불안을 담아 대화를 청한다면 이들은 더 물러날 수밖에 없다. 나의 불안도, 부모의 불안도 해결할 수 없기 때문이다.

먼저 내 안의 불안을 꼼꼼히 살펴보자. 불안 속에서 너의 과제와 나의 과제를 구분하고, 특히 (문제를) '네가 해결해라'가 아니라 '우리가 함께 다뤄보자'라고 힘을 모으는 **협력의 태도**를 갖는 것이 중요하다. 어쩌면 고립·은둔이라는 새로운 조건 아래 각자의 불안을 지고 있는 은톨이와 그 가족은 동병상련, 동지애, 긍휼함…… 이런 감정들 속에서 불안을 함께 다루며 **공조**할 수 있을지 모른다.

'실패해도 돼'를 열어주기

─ 은톨이 가족에게 전하는 조언 6 ─

여섯. 응원은 나중에 하자.

집에만 있고, 아무런 의욕도 보이지 않아 부모 속을 까맣게 태우던 자녀가 어느 날 이런 말을 한다.

"다시 한 번 공부해보겠다."

"학원에 다니며 자격증을 따보려고 한다."

"일자리를 좀 알아보려고 한다."

"학교에 복학해볼까 한다."

부모에게 이보다 더 반가운 말이 있을까? 그러니 부모는 최선을 다해 도우려 한다. 그리고 온 정성을 다해 응원하고 격려한다.

"그래, 넌 원래 잘했던 애니까 이번에도 잘할 거다."

"필요한 건 뭐든지 돕겠다, 말만 하렴."

"그럴 줄 알았다. 넌 원래 의욕적인 아이였으니 이렇게 털고 일어날 줄 알았다."

"그래, 못 할 게 없다. 넌 아직 젊으니 마음만 먹으면 뭐든 할 수 있다."

은톨이 자녀가 드디어 무언가를 시도한다니, 환호와 함께 응원과 격려가 자연스레 터져 나온다.

그런데 갑자기 '왜' 그러려는 걸까? 예를 들어, 아이가 고등학교 자퇴 후 번번이 대학 진학을 거절했는데, 이번에 입시 준비를 해보겠다고 한다. 우리가 집중해야 하는 건 '하겠다'는 은톨이의 다짐보다는 **'왜 하려고 할까'**에 대해서이다. 왜 지금 이 계획을 세우는 걸까? 그 학교, 그 학과에서 어떤 공부를 해보고 싶은 걸까? 그 공부는 아이가 평소에 관심을 갖던 영역인가? 배워보고 싶어 하던 것들인가? 졸업 후의 진로는 아이의 흥미나 적성과 잘 맞나?

그리고 이런 질문도 필요하다. 나와 가족들이 대학 진학을 추천해온 것에 부응하려고 그러는 걸까? 조금이라도 '떳떳하고 자랑스러운' 아들/딸이 되고 싶다는 마음 때문일까? 주변 사람들에게 대학생으로서의 모습을 보여주고 싶은 건 아닌가? 아니면 대학 입시를 준비한다는 말이라도 해야 내가 아무 쓸

모없는 사람에서 벗어날 수 있다고 여기는 건 아닌가?

물론 이런 질문들은 은톨이에게 직접 던지기보다는 부모/양육자가 혼자서 먼저 고민하는 게 좋다. 그리고 이 '왜'를 통해 은톨이 자녀의 결정을 살펴보고 혹시 이해하기 어렵거나 그 결정이 자연스럽게 여겨지지 않는다면, 부모가 덮어 두고 응원과 격려를 보내는 것은 조금 미루는 편이 좋다.

핵심은 **은톨이 자신이 원해서 하는 선택인지**이다. 고립과 은둔에 빠지는 사람들은 가족과 타인의 기대와 바람에 부응하기 위해 지나치게 애쓰며 살아온 경우가 많다. 남의 기대에 맞추면서 내 감정을 잘 표현하지 않고 애쓰고 참다가 견디지 못하고 무너진 이들이다. 이런 사람들이 이번에도 타인의 기대에 부응하기 위해 무언가를 선택하는 것이라면 재고할 여지가 있는 거다.

삶에서 자신이 바라는 바와 타인의 기대를 명료하게 구분할 수는 없다. 내가 원하는 것이 주변 사람들이 원하는 것과 겹칠 수 있고, 주변 사람들을 만족시키며 내가 행복해지기도 하기 때문이다. 결국 **균형**의 문제이다. 타인의 기대에 부응하기 위해서만 애쓰고 있는지, 아니면 나의 특성과 가치관에 맞는 **내 삶**을 꾸려가려 하는지. 은톨이 자녀가 부모와 가족과 타인을 기쁘게 하고 그들로부터 인정받기 위해 새로운 시도를 하는 것이라면, 응원하고 지지하기 전에 그것이 이전 고립과 은둔의 주요 원인이 되었던 때와 비슷하지 않은지를 살펴볼 필요가 있다.

여기에 더해 또 질문할 게 있다. '은톨이는 문 밖으로 나갈 준비가 된 것일까?'에 대해서이다. 구체적으로는 **사람 관계에 대한 준비**다. 어떤 곳에서 어떤 일을 하든 우리는 사람과 관계 맺기를 피할 수 없다. 대학 입시를 준비하려 학원에 다녀도, 취업을 준비해도 스터디에서건 면접에서건 어디서든 사람과 만나게 된다. 여차저차 대인 관계를 최소화하고 모든 과정을 마쳤다 해도 사람 사는 곳이라면 어디서든 사람들과 교류하게 된다. 은톨이는 이런 본격적인 대인 관계에 준비가 되어 있는가?

많은 고립·은둔 청년들은 자신이 세상에 나가기 위해서는 '변해야 한다'라고 생각한다. 얼굴, 표정뿐 아니라 성격, 태도, 가치관, 심지어 과거 경험까지, 한 개인의 내적, 외적 특성을 모두 변화시켜야 한다고 생각한다. 자신이 전보다 더 외향적이고, 더 매력적이고, 더 사교적이어야 한다고 여긴다. 그래야 세상 속에서 사람들과 제대로 어울릴 수 있다고 믿는다. 많은 이들이 일반적으로 사람들과 잘 어울리는 특성이라 여기는 것을 따라 변하겠다고 애쓴다. 그런데 모든 사람은 각자의 고

285

유한 기질과 성격과 품성이 있다. 이를 무시한 채 '노력하고 애써서' 자신과 다른 특성을 장착하려는 노력은 사람을 지치게 한다. 그리고 그렇게 애를 써도 변하지 않은 자신의 모습을 보고 실망하고 좌절하게 된다. 은톨이들은 안타깝게도 이런 노력과 좌절을 반복하면서 이제까지 세상과 등지고 방 안으로 숨어 든 것이다.

'방 밖의 삶'을 이야기하는 내 아이는 지금 어떤 상태인가? 이번에도 또 다시 노력하고 애쓰며 자신을 새롭게 만들어 내겠다고 꿈꾸고 있는 게 아닐까? 그리고 나 역시 자녀에게 그런 기대를 하고 있는 건 아닐까? 부모의 기대는 이런 말로 표현될 수 있다. "네가 조금만 더 사람들에게 다가가봐." "네가 먼저 말을 걸어봐." "네가 조금만 더 활기차게 대화에 참여해봐."

그런데 은톨이가 꼭 외향적이고 사교적이고 스트레스 따위는 받지도 않는 사람(이 세상에 존재하지 않을 그런 사람)으로 변해야 하는가? 과연 자녀는 그런 사람으로 변화될 수 있는가? 언제쯤 그런 특성들을 고루 갖출 수 있는가? 만일 은톨이 자녀가, 스스로와 부모/양육자가 바라던 만큼 변한 것이 아니라 변하겠다고 **각오**만을 한 상태라면, 그 각오는 좌절되기 쉽다. 새로운 곳에서 새로운 사람과 새롭게 관계를 맺기 시작하며, 은톨이는 작은 시선이나 질문 하나에도 예민하게 반응할 것이다. 그리고 이렇게 느낄 것이다. '내가 또 이래, 그렇게 다짐하고 준비했는데도 그대로야!' 굳은 각오와 기대만큼 좌절과 절망도 클 것이다.

그러니 선 자리를 바꿔 은톨이의 내면으로 들어가보자. 그/그녀는 새로운 시작을 간절히 바랄 것이다. 하지만 오랫동안 등지고 있던 세상으로 나가는 도전이 너무나도 낯설고 생경할 것이다. 또한 이번에는 절대 실패하고 싶지 않을 것이다. 저렇게(!) 기뻐하며 나를 응원하고 기대를 보내는 부모와 주변 사람들을 실망시키고 싶지 않고, 이번만큼은 제대로 해내는 자랑스러운 사람이 되고 싶을 거다. 하지만 자신의 특성은 변하지 않았고 과거의 부정적 경험에 대한 기억도 그대로이기에, 이를 감추며 세상으로 나가기가 두려울 것이다. 그리고 이런 약한 마음을 사람들에게 보여주거나 나눌 수 없기 때문에 매우 외롭기도 할 것이다. 새로운 자리에서 새롭게 시작하는 '절대로 실패하면 안 되는' 도전. 은톨이에게 세상으로 나간다는 것은 이런 의미일 수 있다.

은톨이의 마음이 조금이라도 이해된다면 응원과 격려 대신 그 마음을 읽어주는 것이 먼저다. 해줄 수 있는 말은 많다.

"새롭게 시작하려니 겁도 나고 걱정도 될 것 같다."
"네가 새로 도전하는 것은 반가운데, 우리 때문이라면 그럴 필요는 없다.”

“주변 사람 때문이 아니라 너를 위해 네가 좋아하는 선택을
했으면 좋겠다.”

“새로운 곳에서도 너무 사교적이려고 노력하지 말고 그냥
네 모습 그대로였으면 좋겠다. 너는 지금도 장점이 많은
사람이다.”

“만일 준비하다가 힘들어지면 언제든 그만해도 된다. 꼭
좋은 결과를 보여줘야만 하는 건 아니다.”

열정적인 '응원 부대'와는 거리가 멀고, '해야 한다' '잘될
거다'라는 말보다 더 넓은 세계를 열어주는 말들이다. 망설이
고 두려워하는 은톨이의 감정을 읽어주고 그 곁에 함께 서주
는 말들이다. 이는 고립·은둔 자녀뿐 아니라 새로운 도전을 하
는 누구에게건 우리가 가장 먼저 건네야 하는 말이기도 하다.

내가 고립·은둔 청년들을 돕는 이유

고립·은둔 청년과 그 가족을 돕기 위해 법인을 설립하고 운영하며 가장 많이 받은 질문이 있다. **"왜 그 일을 하세요?"** "어떻게 이 일을 시작하게 되었어요?" 단순히 이 일의 시작점이 뭔지 궁금해하는 사람들도 있지만, 대부분은 어떻게 이런 기관을 생각하고 사업을 시작하게 되었는지 신기해한다. 특히 내가 대학에서 학생들을 가르치고 있기 때문에 더욱 궁금해한다.

　처음에 그런 질문들을 받았을 때는 나도 조금 신기했었다. 이게 그렇게 놀랄 만한 일인가 자문해보곤 했다. 특히 "어머, 훌륭한 일을 하시네요." 같은 반응을 만날 때는 이게 그렇게 칭찬받을 일인가 쑥스러움도 컸다. 상담사, 유관 공무원, 기자, 은톨이 부모 등 누굴 만나도 같은 질문을 받았다. 그래서 나는 가끔 지인들에게 농담처럼 말한다. 참 지치지도 않고 모두가 같은 걸 묻는다고.

나를 모르고 어딘가로 달려간다는 것

처음 이 일을 구상하고 시작한 시점은 대학 교수로 학생들을 만난 지 17년쯤 되어갈 무렵이었다. 교수 생활을 하며 나는 늘 '내가 준 것보다 넘치게 많이 받는다'고 느꼈다. 내가 누리는 많은 것들이 결코 내 노력만으로 이룬 것은 아니라는 걸 알게 되었다. 내가 한 것보다는 타인의 도움을 받아서, 상황이 허락되어서, 기회가 주어져서 이뤄진 것들이 훨씬 많았다.

이러한 인식은 대학 교수를 하면서 더 많이 실감됐다. 전공이 상담심리학이다 보니 개인상담, 집단상담, 심리검사 등의 교과목을 통해 일방적인 강의보다는 개별 학생을 깊고 내밀하게 만날 수 있었다. 그리고 그 만남에서 여러 가지 삶의 여건이 열악한 학생을 너무나 많이 보았다. 경제적으로 어려운 것만이 아니라 어디서도 **심리적 자양분**을 얻지 못한 이들이 많았다. 많은 학생들이 열심히 살고 있지만 왜 열심히 살아야 하는지 답을 못 하는 경우도 많았다. 아니 그런 질문을 자신에게 던지지도 못한 채 그저 매일 열심히 달리기만 했다. 좋은 품성과 성실성을 지녔는데도 자신이 어떤 보물을 갖고 있는지 확신하지 못하는 이들도 많았다. 그리고 그들은 자신을 타인과 비교하며 흔들리고 불안해했다. 내가 원하는 것, 살고 싶은 삶, 나만의 고유한 특성, 약점과 강점……. 이 모든 **나 알기**가 전혀 되어 있지 않은 학생들이 많았다. 안타까웠고, 그 감정은 점점 커져 갔다.

우리나라 많은 청년들이 이들과 비슷하리라 생각했다. 어쩌면 당연했다. 많은 학생이 유치원-초등학교-중학교-고등학교를 거치며 다음 학제로 그저 떠밀리듯 올라간다. 유치원을 마치고 초등학교에 입학할 때 이런 주제로 대화하는 경우는 거의 없다. '내가 왜 초등학교에 가고 싶은가?' 초등학교를 마치고 중학교에 갈 때도, 중학교를 마치고 고등학교에 갈 때도 마찬가지이다. '내가 왜 중학교에, 고등학교에 가야 하는가?'라는 생각을 할 기회가 주어지지 않는다. 누가 물어봐주지도 않는다.

입학과 졸업 때만의 문제가 아니다. 그 긴 시간을 학교에 다니면서도 내가 어떤 사람인지, 나는 어떤 삶을 살고 싶은지에 대해 정리할 기회가 없다. 대부분 학생이 대학이라는 목표점을 향해 질주한다. 그런데 그 대학은 왜 가는가? 결국 좋은 직장, 더 구체적으로는 돈을 벌기 위해서라고 여기는 이들이 많다. 대학에 들어가서도 당황한다. '왜 대학이 내가 생각한 꿈의 궁전이 아닌가, 그렇게 많은 욕구를 누르며 달려왔는데 왜 고생 끝, 행복 시작이 아닌가?' 입학하면 곧 취업 걱정을 하고, 필요한 자격증을 찾아보고, 취업 준비를 시작해야 할 것 같은 압박감을 느낀다. **골인점은 다시 저 멀찍이** 옮겨진다. 문제는 그렇게 달려 나간 선배들을 보아도 화려하게 피어나는 직장인이 되지 못하는 걸 확인하는 것이다. 선배들도 '이런 삶을 살고 싶은 게 아니었는데'를 되뇐다. 많은 대학생이 말한다. "뭔가 속은 것 같다"고. 공부만 하며 달려가면 다 이룰 것 같았는데, 계속해서 달리라는 요구만 이어질 뿐이라고 고개를 숙인다. 모든 대학생이 다 그런 것은 아니지만, 나는 그렇게 풀 죽고 흔들리는 청년들을 숱하게 만났다.

학교 바깥의 30%

그들과 만나며 나는 고민이 많아졌다. 조금이라도 그들을 기운 나게 하고 싶은데 뾰족한 방법이 없었다. 그런데 거기에 더해 한 가지 문제가 나를 더 고민하게 했다.

'대학에 적을 두고 지금 내 앞에 있는 청년들은 그래도 소속이 있고 함께 고민하고 응원하는 친구들이 있다. 그런데 모

든 청년이 대학생은 아니지 않은가?'

더 넓은 영역으로 시선을 돌릴 수밖에 없었다. 통계를 살펴보았다. 1991년 33.2%로 집계된 대학 진학률은 가파르게 급증해, 2001년 70%를 넘어섰고, 2008년 전후 역대 최고치인 80%까지 근접했다. 이후 서서히 낮아져 지금은 70% 언저리에 머무른다. 통계가 말해주는 대로 고등학교 졸업 후 대략 70%의 청소년이 대학생이 된다고 치면, 나머지 30%는 어디에 있는가? **30%의 청년들은 무얼 하는가?** '후기 청소년'이라고 불리기도 하고 청년기본법이 생겨난 이후 '청년'이라고도 불리는 10대 말에서 20대 초의 사람들이 모두 학교에 다니며 공부를 하거나 직장에 다니며 돈을 버는 것은 아니었다. 나는 그들의 삶을 더욱 관심 있게 들여다보고 싶었다. 그들은 어떤 삶을 살고 있는가, 사회적 기반은 어떠한가?

그러다가 알게 되었다. 학교나 직장에 속해 있지 않은 20대 청년들이 생각보다 많다는 사실을. 나를 더욱 놀라게 한 것은 그들 중 일부는 아예 **사회적 관계를 끊고** 지낸다는 것이었다. 배움을 계속하지 않을 수 있고 돈을 벌지 않을 수도 있다. 하지만 사람과의 관계마저 끊고 사는 것은 차원이 다른 이야기이다. 학교와 직장에 속해 있지 않다는 것이 곧바로 고립·은둔으로 이어지는 조건이 아님에도 불구하고, 이들 중 상당수는 마치 **사회에 존재하지 않는 사람처럼** 숨어 지낸다는 것을 알게 되었다.

　몇몇 지인과 이런 고민을 공유했다. 아니, 나보다 더 이 문제에 대해 가슴 아파하던 사람들을 만났다고 표현하는 게 맞다. 교수로서 이른바 상아탑이라는 곳에 안주하던 내가, 학교에서 매일 만나는 학생들 너머 전체 청년의 삶에 조금 더 넓게 관심을 갖게 된 것이다. 나는 계속해서 논의하고 고민했다.

　다들 알고 있겠지만, 한국 사회에서 대학을 향한 맹목적 달리기는 어제오늘 일이 아니다. 이것이 매우 정상적이고 당연한 청소년과 청년들의 삶처럼 인식된다. 20대는 모두 학교나 직장에 다니는 사람, 즉 그래야만 '정상'으로 취급받아왔다. 길에서 만나는 청소년은 모두 '학생'이고, 낮 시간 동네를 돌아다니는 청년을 보면 '왜 학교나 직장에 안 가지?'라고 생각한다. 20대는 학업이나 경제 활동에 참여할 때만 '건강'하다고 인정받는다.

　우리 사회가 부여하는 이러한 **당위적 잣대에 맞지 않는 청춘들**이 구석으로 숨고 자신을 드러내지 못하고 있다는 사실이 눈에 들어왔다. 같이 모여 구체적 방안을 고민하던 우리는 이들을 **학교 밖·사회 밖 청년**이라고 부르기로 했다. 당시에는 은둔형 외톨이나 은둔, 고립 같은 용어도 쓰이지 않던 때라, 우선 이들을 불러줄 **이름**이 필요했다. 학교를 그만둔 청소년을 학교 밖 청소년이라 부르고 그들이 사회에서 격리되지 않도록 다양한 지원 정책이 시행되고 있지만, **학교 밖 청년**은 존재 자체도 인식되지 못했다. 나는 이들의 존재를 확인하며 일찍이 김춘수 시인이 아름답게 읊은 시구절을 떠올렸다. "내가 그의 이름을 불러주기 전에는 그는 다만 하나의 몸짓에 지나지 않았다. 내가 그의 이름을 불러주었을 때 그는 나에게로 와서 꽃이 되었다."

학교와 직장, 심지어 사회적 관계에서 철회된 이들을 우리가 불러주지 않았을 때 이들은 그저 하나의 몸짓이었다. 이름조차 없는 그저 몸짓. 그래서 나는 그들의 존재를 인정하고 그들에게 이름을 붙여주고 싶었다. 그리고 그들을 위한 공간을 만들고 싶었다.

그렇게 해도 손가락질 받지 않는다는 말

학교 밖·사회 밖 청년들을 돕기 위해서는 우선 공부가 필요했다. 각 사회마다 이런 청년들이 분명히 존재할 텐데 어떤 접근법과 해결책을 모색하고 있고 모색해왔는지에 대해서. 일본의 히키코모리에 관한 자료도 많이 읽었다. 교육 선진국이라고 불리는 북유럽의 사례는 좋은 의미에서 충격적이었다. 이들 국가에서는 **개인의 고유함**을 무시한 맹목적인 줄 세우기를 지양한다. 또한 청소년과 청년들이 각자의 삶의 의미와 목적을 추구하는 것에 대한 사회적 허용치도 한국과 판이하게 다르다. 예를 들어, 중학교나 고등학교를 마친 후 내가 원하는 것을 탐색할 수 있는 다양한 기회가 주어진다. 배우고 싶은 것이 있다면 국가나 지자체의 지원을 받으며 배워보고 경험할 수 있다. 그러다가 삶의 방향이 정해지면 다시 진학하거나 취업을 하면 된다. 흔히 알려진 갭 이어Gap Year에 대한 사회적 풍토와 정책이 마련되어 있다. 공간, 프로그램, 운영 비용에 대한 공적 지원도 놀라웠지만, 특히 우리 사회에 절대적으로 부족한 **세 개의 시옷(시도, 실수, 실패)의 기회**를 청년들에게 넉넉히 제공하는 것이 가장 부러웠다. '그럴 수 있음, 그래도 됨, 그렇게 해도 손가락질 받지 않음'이 청년들을 얼마나 자유롭게 하고 이들을 얼마나 건강하게 할지 상상할 수 있었다.

마음이 급해졌다. 그냥 앉아서 자료만 읽고 있을 게 아니라 뭐라도 해야 한다는 생각이 들었다. 청년 자살률 1위, 행복지수 최하위인 한국의 상황에서 관념적인 사회 비판만 하고 있을 수는 없었다. 뭐라도 하자는 데 뜻을 모았다. 결코 나 혼자 선두에 섰다고 말할 수 없다. 하지만 나는 특유의 열정과 끈기로 준비와 설립 과정에 힘을 더했다. 고립·은둔 청년들을 위한 작은 기관이 그렇게 시작됐다. 학교나 직장에 속해 있지 않고 사회적 관계가 매우 취약한 청년들, 그래서 결과적으로는 고립과 은둔의 상태에 빠져 있는 청년들, 그들이 자신의 원래 모습을 회복하고 다시 문을 열고 세상으로 나올 수 있는 계기를 만들어주는 것이 우리 기관의 주된 목적이었다. 한 손으로 꼽을 만큼의 숫자여도, 우리 기관의 도움이 필요한 대상이 있다면 그들을 만나야 한다고 생각했다. 그렇게 지낸 시간이 벌써 10여 년이다. 지금 생각하면 무모하기 짝이 없었고 무대책의 집결체였다. 그런데 모든 것이 은혜로 지금에 이르렀다.

10년의 시간 동안 많은 것이 변했다. 그동안 우리 사회에 은둔형 외톨이라는 개념이 소개되었고, 고립과 은둔 상태에 있는 청소년이나 청년의 삶이 여러 각도에서 조명되었다. 그들이 우리 사회에 존재한다는 것이 인식되고 인정되기 시작한 것이다. 다행스러운 일이다. 하지만 사회가 인정하든 그렇지 않든, 이들은 전에도 존재했고 지금도 존재하고 있고 안타깝지만 앞으로도 존재할 것 같다. 그렇게 엄연히 존재하는 은둔형 외톨이들은 앞서 시인이 노래한 것처럼, 그저 하나의 몸짓이었던 데서 이제는 분명한 실체가 되었다. 이것이 내가 가장 먼저 하고 싶었던 일인 것 같다. 그들의 이름을 불러주고, 그들을 '실체'로서 대하고, 그들이 사회 속에 자리 잡을 수 있도록 물리적, 심리적 공간을 제공하는 것이다.

고립·은둔 청년과 관련해서 많은 과제가 남아 있다. 이름을 불러주어 다가온 실체인 이들은 아름다운 꽃이 될 수도 있고 다시 몸짓으로 남을 수도 있다. 몸짓에는 이름만이 아니라 의미와 해석도 부여된다. 꽃은 '아름답다'는 의미가 부여될 때 비로소 아름다움이라는 속성을 지닌다. 사회적 관심과 함께 우리는 고립·은둔 청년들에게도 어떤 의미를 부여하게 될 것이다. 과연 이들에게는 어떤 의미를 부여할 것인가? 혹시 '게으르다' '나약하다'가 이들에게 주는 가장 뚜렷한 의미가 되는 것은 아닐까? 처음 기관을 설립할 때와 달라진 과제 앞에서 더욱 무거운 마음으로 이 질문을 하게 된다.

웅크린 마음이 방 안에 있다

초판 1쇄 인쇄 2025년 2월 7일
초판 1쇄 발행 2025년 2월 20일

지은이 김혜원
펴낸이 유정연

이사 김귀분
책임편집 유리슬아 **기획편집** 신성식 조현주 서옥수 황서연 정유진 **디자인** 안수진 기경란
마케팅 반지영 박중혁 하유정 **제작** 임정호 **경영지원** 박소영

펴낸곳 흐름출판(주) **출판등록** 제313-2003-199호(2003년 5월 28일)
주소 서울시 마포구 월드컵북로5길 48-9(서교동)
전화 (02)325-4944 **팩스** (02)325-4945 **이메일** book@hbooks.co.kr
홈페이지 http://www.hbooks.co.kr **블로그** blog.naver.com/nextwave7
출력·인쇄·제본 (주)삼광프린팅 **용지** 월드페이퍼(주) **후가공** (주)이지앤비(특허 제10-1081185호)

ISBN 978-89-6596-695-1 03330